우리는 모두 각자의 별에서 빛난다

우리는 모두 각자의 별에서 빛난다

꿈을 키워주는 사람 이광형 총장의 열두 번의 인생 수업

———————— 이광형 지음 ————————

INFLUENTIAL
인 플 루 엔 셜

밤하늘의 별은
나를 위해 반짝인다

올해 카이스트의 졸업식은 조금 특별했다. 이제 세상에 나아 갈 졸업생들에게 꼭 해주고 싶은 말이 있었다. 한 세대 넘게 차이 나는 그들에게 어떻게 내 진심을 전할 수 있을지 고민하다가 20대 시절의 나를 소환했다. 과거 대학 졸업을 목전에 둔 이광형을 버추얼 아바타로 재현해 무대에 세운 것이다.

"이제 어떻게 살아야 하지? 왜 나는 남보다 잘하는 게 하나도 없을까? 무엇 하나 자신 있는 게 없어."

20대로 재현된 영상 속 이광형이 시름 가득한 얼굴로 졸업생들 앞에서 쏟아낸 고민이다. 40여 년 전의 나 또한 지금의 청춘들과 다르지 않았다. 세상에 첫발을 내딛는다는 설렘보다는 불확실한 미래에 대한 두려움이 훨씬 더 컸다. 특별한 재능도 없고, 남다른 개성도 없고, 말주변도 없어 친구들과도 잘 어울리지 못하고 늘 외롭게 지냈다. 카이스트 교수가 되어서도 꽤 오랜 기간 그랬다.

포기하지 않으면 결국 이루게 된다

그 힘든 시간을 견디고 이겨낼 수 있었던 것은 내 마음 안에 꼭 이루고 싶은 꿈이 있었기 때문이다. 에디슨 같은 과학자가 되어 세상에 쓸모 있는 사람이 되고 싶다는 꿈이 없었더라면 암울했던 20~30대 시절을 버텨내지 못했을 것이다.

안타깝게도 나는 에디슨처럼 발명왕이 되지도, 노벨상을 받는 과학자가 되지도 못했지만, 대신 그에 못지않게 자랑스러운 제자들을 얻을 수 있었다. 나의 꿈은 자연스럽게 그들에게 옮겨가 벤처 창업으로 이어졌고, 이는 한국의 정보화 혁명에 일익을 담당했다. 에디슨처럼 과학 기술로 더 나은 세상을 만들고 싶다는 꿈을, 나를 대신해 제자들이 이루어준 셈이다.

그리고 지금 나는, 더 많은 젊은이가 자기 꿈을 찾을 수 있도록 길을 열어주겠다는 꿈을 꾸고 있다.

1996년 미국에 카이스트 캠퍼스를 설립해 학생들에게 더 큰 세상을 보여주겠다고 마음먹고 제안서를 쓴 적이 있다. 40대 초반이었던 내게 가슴 뛰는 벅찬 일이었다. 제안서를 들고 미국의 성공한 기업가를 찾아다니며 설명하기도 했다. 아무도 시키지 않은 일이었고, 누구도 거들떠보지 않는 일이었다. 26년 동안 책꽂이에서 나를 바라보던 그 제안서는 지금 나를 뉴욕 캠퍼스를 만들도록 이끌어가고 있다.

꿈을 품고 있을 때 일어나는 일

나는 추진 중인 뉴욕 캠퍼스 설립이 반드시 성공하리라 생각하지 않는다. 잘 되도록 노력하겠지만 실패할 수도 있다. 그러나 두렵지 않다. 아무도 가보지 않은 완전히 새로운 길이다. 혹시 내가 마무리하지 못하더라도 다음 사람이 도전하는 데 밑거름이 되어줄 것이다. 작년에 설립된 카이스트 실패연구소는 실패에서 배울 점이 있으면 성공으로 재해석해준다.

가슴 속에 꿈을 품고 있으면, 기회가 보이고 잡을 수 있다. 해외 캠퍼스를 세우겠다는 꿈이 있었기 때문에 나는 기회가 왔을 때 실마리를 잡았다. 꿈이 없으면 아무리 좋은 기회가 와도 보이지 않는다.

이것이 바로 꿈의 힘이다. 꿈이 있으면 가슴이 두근거린다. 가슴이 두근거리는 일엔 저절로 최선을 다하게 된다. 꿈은 좌절과 두려움 속에서도 포기하지 않고 그 방향으로 나아가게 해준다. 포기하지 않으면 초기 목표와 완전히 같지 않더라도 결국 무언가 이루게 된다.

내가 좋아하는 것, 잘 할 수 있는 것

내겐 가슴 뛰게 하는 꿈이 없다고 말하는 사람이 있을지 모르겠다. 꿈이란 것이 뭐가 대단한 건 아니다. 꿈을 찾는 데는 타고난 재능이 필요한 것도 아니고 나이 제한이 있는 것도 아니다. 내가 좋아하고 하고 싶은 것이 바로 꿈이 된다. 내 인생에서 보람을 가질 수 있는 일이라면 모든 것이 좋은 꿈이라 할 수 있다.

꿈을 찾기 위해서는 나 자신과 세상에 질문을 해볼 필요가 있다. 나는 무엇을 잘 하는가? 나는 어떤 일을 할 때 신이 나는가? 나는 친구들과 어떤 점에서 다른가?

총장에 취임한 후 나는 기회가 닿을 때마다 학생들에게 이렇게 말한다. 공부만 열심히 하지 말고 학교 밖으로 나가 세상을 만나라고. 올해 초 입학식에서도 나는 이렇게 말했다.

"이제부터 해야 할 일은 꿈을 찾는 겁니다. 내 모든 것을 걸어도 아깝지 않을 꿈을 찾으세요. A+ 받으려고 공부만 하지 말고, 나가서 놀기도 하면서 내가 뭘 원하는지, 정말 하고 싶은 게 뭔지부터 찾으세요."

카이스트 학생뿐 아니라 이 시대를 살아가는 모든 이에게 하고 싶은 말이다. 꿈을 찾으려면 다양한 경험이 필요하다. 세상을 돌아보면서 나의 위치를 알아야 한다. 전공 서적이나 일을 위한 책만 볼 게 아니라, 사람과 세상의 이야기를 담은 책도 보고 영화도 보고 아르바이트도 하고 여행도 다녀봐야 한다. 다양한 사람들을 만나기도 해야 한다.

밤하늘에는 수많은 별이 있다. 그러나 그것들이 서로 비슷하면 봐주는 사람이 없을 것이다. 모든 별은 각자 저만의 역사를 지닌 고유한 존재다. 우리도 그렇다. 남과 비교하거나 사람들 속에 휩쓸려 따라갈 필요가 없다. 나는 나의 고유한 색을 발할 때 가장 빛난다.

마지막으로, 학생 랩 동아리 구토스에 가입해 함께 만들어 부른 랩송 〈My Star In the Sky〉(작사 : 이광형·윤유상·이찬혁·최진우, 작곡 : 윤유상)를 독자들에게 전하고 싶다.

카이스트 교정에서

이광형

⟨My Star In the Sky⟩

나의 별, MY Star 어디에 있을까
나의 별, MY Star 하늘을 봐
오색 빛깔 찬란한 빛이 되어 저 위에 있잖아
나의 별, My Star, My Star

무수한 별이 빛나는 밤하늘
올려다보겠지 계속 한참을
기대하지 그 별과의 만남을
확실하지 않아 어디론가 향하는

고유한 빛깔의 나의 별
독특한 빛깔의 나의 별
특별한 빛깔의 나의 별
가장 고귀한 별

다른 별과 나의 별
구별되는 나의 별
난 원하지 다른 걸
남들과는 다른 것

계속해서 내 가슴을 두드려
그래 나의 심장을 두드려
작아도, 세상을 비추는 별
필요한 곳을 계속 비추는 나의 별

크지는 않지만 뭐 어때.
여기서 가장 빛나는 것은 바로 내 별

우리는 모두
각자의 별에서 빛난다

밤하늘의 수많은 별은 얼핏 비슷해 보여도
각자 자신만의 고유한 역사를 지녔다.
마찬가지로 우리는 모두 세상에서 단 하나뿐인 고귀한 존재다.
사람은 누구나 자기만의 고유한 특성이 있다.
남들이 어떤 일을 하는지, 어떤 재능을 가졌는지 개의치 말고
나의 내부를 들여다보는 시간을 가져보자.
크거나 화려하지 않더라도,
밤하늘에서 가장 빛나는 별은 내 별이다.

언제나 별처럼 빛날 당신을 위해

총장이 되고서 학생들과의 소통에 대해서 생각해봤다. 대학생과 나의 나이 차이가 서른다섯 살 정도 된다. 학생들에게는 완전 할아버지다. 가까워지기에 너무 먼 세대 차이다. 어떻게 하면 이 간격을 줄일 수 있을까? 학생들이 좋아하는 것을 나도 해야지 생각했다. 학생 동아리 중에 랩 동아리 구토스가 생각났다. 구토스 동아리 방에 찾아가 사정을 설명하고 신입 회원으로 받아줄 것을 부탁했다. 학생들은 몇 가지 질문을 하더니 흔쾌히 받아주었다.

첫 활동으로 랩을 만들어 부르기로 마음먹었다. 동아리 학생들에게 내게 어울릴 만한 노래를 만들어 달라고 했더니, 이왕 부를 거면 직접 가사를 써보는 게 어떻겠냐는 답변이 돌아왔다. 고민은 잠시, 다음 날 아침에 일어나 바로 썼다. 신기하게도 순식간에 써졌다. 학생들에게 하고 싶은 말이 있었기 때문이다. 이를 받아 본 학생들이 운율에 맞게 조금 수정해주었다.

그렇게 완성된 곡으로 동아리 학생들과 연습하던 중 한 방송국으로부터 강연 프로그램 출연을 의뢰받았다. '인생 수업'이라는 부제로 세대별 관심사를 다루는 프로였다. 가끔 이 프로를 보면서 첫 도입부가 딱딱하다는 생각을 하던 나는 조금 색다르게 해보겠다고 마음먹었다. 힙합 리듬에 맞추어 랩을 부르며 등장하는 것이다. 제작진도 흔쾌히 동의해주었다.

살면서 부딪치는 모든 문제의 답, '나를 사랑하기'

비록 데뷔 무대는 어설펐지만, 나는 오늘 내가 10분이라도 연습을 하면 내일은 그 10분만큼 랩을 잘하게 될 거라는 사실을 믿는다. 그 믿음이 나를 즐겁게 한다. 또 다른 즐거움은 전에는 외계어처럼 들리던 랩이 어느 순간부터 귀에 쏙 들어오게 되었다는 점이다. 그런 즐거움 속에 발견한 곡이 방탄소년단의 〈Answer : Love myself〉다. 짧고 단순한 제목에도 깊은 울림이 있지만, 노랫말도 참 멋지다.

저 수많은 별을 맞기 위해 난 떨어졌던가
저 수천 개 찬란한 화살의 과녁은 나 하나

밤하늘에 무수한 별이 반짝이고 있는데 그 별들의 반짝임이 오직 나를 위해서라니 정말 근사하지 않은가. 비록 멀리 떨어져 있지만 수천 개의 빛이 여전히 화살처럼 나를 향하고 있다는 것. 방탄소년단이 노래했듯 '누군가를 사랑하는 것보다 더 어려운 것이 나 자신을 사랑하는 것'이지만, 분명 우리는 각자 밤하늘의 별 전부를 아우를 만큼 유일하고 아름다운 존재다.

나는 취임식에서 이미 똑같은 이야기를 했었다. 밤하늘에 수많은 별은 얼핏 비슷해 보여도 별 하나하나가 자신만의 고유한 역사를 지녔다. 마찬가지로 우리는 세상에서 단 하나뿐인 고귀한 존재다. 안타까운 건 젊은이들이 이를 모른다는 것이다. 각자의 방식으로 빛나면 되는데 자꾸 남과 비교하고 경쟁하다 보니 고유한 빛깔을 점점 잃어가고 있다. 사과와 바나나는 서로 경쟁할 필요가 없다. 각각이 지닌 맛이 엄연히 다른데 어떻게 경쟁이 되겠는가.

사람은 누구나 자기만의 고유한 특성이 있다. 주어진 일에 책임감을 갖고 최선을 다하는 사람, 성적은 좋지 않지만 손재주가 있는 사람, 전혀 다른 관점으로 독특한 질문을 잘하는 사람, 끈기는 좀 부족해도 호기심과 아이디어가 넘치는 사람…. 하지만 세상이 정한 잣대에 맞춰 자신을 단정 짓고는 고유한 강점을 싹부터 잘라버린다.

내 고유한 강점을 키워가지 않으면 온전한 나를 잃게 된다. 자기 존재에 대한 자긍심도, 홀로 서려는 자립심도 요원해지는 것이다. 인생에 크고 작은 실패와 시행착오가 따르는 건 너무 당연한데, 그조차 두려워 스스로를 감옥에 가두니 얼마나 안타까운가.

경쟁에서 벗어날 때 비로소 얻을 수 있는 것

대학 시절 나는 심한 열등감에 사로잡혀 지냈다. 왜소한 체구에 언변이 뛰어난 것도 아니었다. 중고등학교 때의 성적은 나쁘지 않았지만, 재수 끝에 대학에 와 보니 나보다 뛰어난 친구가 너무 많았다. 왜 나는 남들보다 잘하는 게 하나도 없을까 하는 생각이 나를 의기소침하게 만들었다.

그때 처음 접한 것이 다중지능이론이다. 하버드 심리학과 교수 하워드 가드너(Howard Gardner)는 지능이란 흔히 말하는 학습 능력만이 아니라 '문제를 해결하거나 특정한 문화에서 가치 있게 여겨지는 것을 만들어내는 능력'이라고 말했다. 인간의 지능은 언어, 논리수학, 공간, 신체운동, 음악, 대인 관계, 자기 이해, 자연 탐구 등으로 구별되며 누구에게나 한두 가지 지능이 있고, 이는 타인과의 비교를 통해 발견되는 것이 아니라는 게 이 이론의 핵심이다. 자기가 가진 여러 가능성 중 가장 돋보이는 것이 그 사람의 재능이 되는 것이다. 남에 비해 열등하다고만 생각하던 내게 이 이론은 큰 위로를 주었다. 나에게도 어느 한 방면에 남과 다른 탁월한 능력이 있을 수 있었다.

남과 비교하면 어느 분야에서든 나는 최고가 될 수 없다. 단지 내가 모를 뿐 어디엔가는 나보다 더 잘하는 사람이 틀림없이 존재하기 때문이다. 설령 최고로 인정받는다 해도 그것이 얼마나 오래 갈 것인가. 하지만 다중지능이론에 따르면 다른 사람과 비교할 필요가 없었다. 흔히 경쟁에서 이겨야 성공한다고 생각하지만, 진정한 성공이란 남과 비교할 수 없는 나만의 '유일함'에서 비롯된다는 것을 깨달았다.

나는 내가 가진 여러 가능성 중 오직 내게만 있는 강점이 무엇인지 다시 생각해보았다. 남과 비교할 때는 무엇 하나 특별할 게 없었는데, 비교를 멈추고 나에 대해서만 생각하니 퍼즐이 맞춰지듯 생각이 정리되어갔다.

어릴 적 나는 여러 형제 중 바로 밑의 동생과 가깝게 지냈다. 두 살 어린 동생은 나보다 빠릿빠릿했다. 부모님도 동생은 어떤 일을 시키면 빨리 해낸다고 칭찬하셨다, 반면에 나는 느리다고 꾸지람 듣는 일이 많았다. 하지만 무슨 일이든 한 번 시작하면 조금 더디긴 해도 끝을 보는 성격이었다. 언젠가 아버지는 그런 내게 나지막이 말씀하셨다.

"광형이는 엉덩이가 무겁구나."

그렇다. 과거부터 지금까지의 나를 견주어 스스로 발견한 나의 강점은 '끈기'와 '집요함'이었다. 머리 회전이 빠른 것도 아니고 힘이 센 것도 아니고 그냥 오랫동안 버티는 것이 재능이라니, 너무 초라하다고 생각할 수도 있겠다. 하지만 이전에는 미처 깨닫지 못했던 이 재능은 내 삶에 가장 큰 힘이 되어주었다. 또한 스스로 이 재능을 인정한 덕에 비로소 나 자신을 귀하게 여기게 되었다. 진정한 성장은 자기 자신에 대한 사랑이 없으면 불가능하다는 것도 깨달을 수 있었다.

지금도 나는 무엇이든 한번 시작하면 주변 사람이 고개를 절레절레 흔들 만큼 끝을 본다. 천재적인 두뇌를 가졌더라면, 유머 감각이 뛰어났더라면, 말재주가 있었더라면 좋았겠지만 없는 걸 계속 갈망해야 무슨 소용이 있는가. 나는 '꾸준함'이라는 재능을 발견한 것만도 감사하다. 그리고 대부분의 일은 포기하지 않고 끝까지 물고 늘어지면 결국 이루어진다.

누구나 남에게서는 볼 수 없는 자기만의 독특함을 갖고 있다. 이를 찾아내고 강점으로 삼는다는 건 세상에서 가장 좋은 무기를 얻는 것과 같다. 원래 내 안에 있었던 것이니 따로 연마할 필요도 없고 필요할 때 언제든 꺼내 쓸 수 있다. 그리고 쓰면 쓸수록 성장한다.

남들이 어떤 일을 하는지, 어떤 재능을 가졌는지 개의치 말고 자기 내부를 들여다보는 시간을 가져보자. 나는 무엇을 좋아하고 잘하는지, 남과 구별되는 나만의 특성은 무엇인지 계속 묻다 보면 답을 찾을 수 있을 거라 믿는다. 남과 같아지려는 경쟁 구도에서 벗어나 자신의 고유한 강점을 발견하고 발전시킬 때 우리는 모두 밤하늘에서 고유하게 빛나는 별이 될 수 있다.

지금 인생의 변곡점에 서 있다면

　우리는 목표를 정하고, 그것을 향해 열심히 달려야 한다고 배워왔다. 하지만 인생은 마음먹은 대로 흘러가지 않는 경우가 많다. 아니, 더 정확히 말하자면 내 뜻과는 전혀 다른 방향으로 전개되는 게 인생이다. 꿈을 찾아 어느 길로 들어섰다가 실망하고 돌아설 수도 있고, 우연히 들어선 길에서 뜻하지 않게 새로운 꿈을 만나기도 한다. 그러므로 우리는 자신의 미래를 고정된 무엇으로 한정하기보다는 언제든 바뀔 수 있고, 그래서 더 흥미로운 대상이라고 인식할 수 있어야 한다. 결말을 다 아는 영화는 별반 재미가 없지 않은가.

산업공학에서 미래학까지, 전공을 바꿔온 이유

대학을 시작으로 지금까지 내가 몸담았던 분야는 네 개다. 산업공학을 시작으로 전산학, 바이오와 인공지능을 융합한 바이오및뇌공학, 이후 미래학으로 방향을 몇 번이나 바꾸었지만 치밀하게 계획한 일은 아니었다. 남이 가보지 않은 새로운 길을 걷고 싶은 마음, 이왕이면 세상이 필요로 하는 것이면 좋겠다는 작은 소명감에서 비롯된 일이었다.

대학 시절의 전공은 산업공학이었다. 산업공학은 공학 중에서도 경영학에 가까운 학문이다. 지금은 그런 말을 하는 사람이 없지만, 당시만 해도 산업공학을 전공한다고 하면 그런 학문도 있느냐고 되묻는 사람이 태반이었다.

석사를 마치고 프랑스 유학길에 올라 전공을 전산학으로 바꾸었다. 당시 한국은 컴퓨터가 거의 보급되지 않았는데, 프랑스에는 이미 일상 곳곳에서 변화의 조짐이 보였다.

'앞으로 세상이 이렇게 바뀌겠구나.'

새로 시작한다는 마음으로 다시 내 인생을 설계했다. 밤낮없이 연구실에 틀어박혀 프로그래밍에 매달린 시간이 꼬박 4년. 유학을 마친 나는 모교로 돌아와 전산학과에서 교편을 잡았다. 전산학과에서 학생들과 즐겁고도 치열한 연구를 하다가 다시 새로운 길로 들어선 것이 40대 중반이다. 학생들의 창업을 도우면서 자연스럽게 차세대 먹거리에 관심이 갔고, 궁리를 하다 보니 그 해답이 '바이오'와 '정보기술(IT)', '뇌과학'의 융합에서 나올 것이라는 확신이 들었다. 이 연구를 위해 새로운 학과가 필요했고, 뜻을 함께하는 많은 이의 도움으로 서로 다른 분야를 결합한 융합학과가 신설되었다. 유학 시절에 전산학 중에서도 인공지능을 연구했던 것이 융합학과를 신설하는 데 도움이 되었는데, 당시만 하더라도 유학 시절의 공부가 그렇게 확장되리라고는 예상하지 못했다.

마지막으로 도전한 분야가 미래학이다. 미래학은 융합학과를 신설할 때부터 필요성을 많이 느꼈던 학문이었다. 바이오 및 뇌공학이라는 이름으로 새 학과를 만들려고 할 때 반대하는 사람이 많았는데, 그들이 미래를 정확히 예측했더라면 생각을 달리했을 것이다. 현재를 기준으로 생각하면 눈앞에 닥친 문제만 보이지만, 미래를 중심으로 생각하면 지금 당장은 보이지 않는 것들이 눈에 들어온다. 새로운 융합 학문이 왜 필요한지 설득하면서, 미래를 체계적으로 예측하는 방법론이 있으면 좋겠다고 생각했고, 이후 미래를 체계적으로 연구하기 위해 미래학 공부를 시작했다. 그런데 막상 시작하니 학부와 대학원에서 전공했던 산업공학이 미래학을 공부하는 데 상당한 도움이 되었다. 산업공학이 산업을 구성하는 기획, 설계, 개발, 생산, 유통, 운영 등의 지식을 총체적으로 기업에 적용시키는 학문이라면, 미래학은 비슷한 이론적 토대를 미래 예측에 적용하는 학문이었다.

지난 내 행적을 돌아볼 때, 나를 움직였던 가장 큰 동인은 '새로움'이었다. 한 우물을 깊게 팔 것인지, 아니면 새로운 분야로 지평을 넓힐 것인지 선택의 기로에서 나는 새로움을 택했다.

아쉬움이 없는 건 아니다. 기본적으로 학문은 깊이 파야 좋은 결과가 나오는 법이다. 20년 30년 한 분야에 정진할 때 비로소 가치 있는 결과물이 나온다. 하지만 모든 사람이 하던 일만 계속하면 새로운 변화를 일으키기 어렵기에 새로운 것을 개척하는 사람도 필요하다. 나는 새로운 일 쪽에 섰던 것이다. 도전에 대한 두려움은 '나 아니면 누가 하겠는가' 하는 책임감, 그리고 남이 가지 않은 길을 개척한다는 기대감으로 이겨낼 수 있었던 것 같다.

성급히 삶을 단정하지 말기를

실패와 좌절이 곳곳에 도사리고 있지만 우연과 행운이라는 선물도 가끔 주어지는 게 인생이다. 그런 의미에서 나는 자신의 인생을 성급히 규정하지 말라고 말하고 싶다.

돌이켜 보면 20대에 꿈꾸던 내 모습이 지금의 나와 정확히 일치하는 건 아니다. 막 사회에 나왔을 무렵, 앞으로 몇 차례에 걸쳐 굵직한 방향 전환을 맞으리라고는 꿈에도 생각하지 못했다. 다만 나는 '지금 내가 할 수 있는 일'을 찾아 최선을 다했다. 그런 덕에 암흑 같은 고독이 찾아드는 중에도 그 안에서 기회를 찾을 수 있었다.

아직 해보지 않은 일, 남 보기에 쓸데없는 일, 주변 사람들이 반대하는 일을 한번 시도해보자. 여기저기 주변을 탐색하면서 예기치 않게 찾아드는 삶의 기회들을 마음껏 누려보자. 특히 남보다 늦다고 지레 포기하지는 않았으면 한다. 그것은 나의 전공이나 경력과 달라서 나는 할 수 없다고 미리 단정하지 말자. 그간 해온 공부, 그간 쌓아온 이력에 얽매여 새로운 도전을 포기한다면, 지금까지 살아온 대로 살아갈 수밖에 없게 된다. 내일이 오늘과 별반 다를 게 없다는 것. 생각만 해도 지루하고 재미없지 않은가.

한 사람이 한 분야의 전문성을 갖추기 위해 들이는 시간이 얼마나 될까. 박사 학위를 기준으로 봤을 때, 전공이 정해지는 연구 기간은 대략 3~4년이다. 그 정도면 해당 분야에서 박사

학위를 받을 만한 지식은 갖출 수 있다는 얘기다. 바꿔 말하면 기본적인 소양을 갖추고 있을 때 3~4년 공부하면 얼마든지 새로운 분야의 전문성을 갖출 수 있다는 뜻이다.

일도 마찬가지다. 몇 년 사회생활을 하면 업무가 진행되는 체계를 웬만큼 습득할 수 있다. 업을 대하는 기본 원칙은 분야가 달라져도 공통적으로 적용된다. 용기가 없을 뿐, 다른 일을 선택하더라도 금세 적응해 뜻을 펼칠 수 있다는 얘기다. 그런 의미에서 "너무 늦었다" 혹은 "지식이 부족하다" 같은 말은 하지 않았으면 한다.

인생은 말랑말랑한 찰흙과 같아 어떻게 빚느냐에 따라 그 모양이 달라진다. 물기가 마르지 않는 한 언제든지 새로운 작품을 만들 수 있다. 필요한 건 '열정'이라는 습기다. 열정만 간직하고 있다면 얼마든지 변신이 가능하다. 예측불허인 만큼 길도 많다. 관심 있는 것을 찾아 마음껏 헤매자. 헤맨다고 길을 잃는 건 아니다. 더 좋은 길, 내게 꼭 맞는 길을 찾기 위한 시간들을 선물처럼 여겼으면 좋겠다.

남과 구별되는 나만의 특성은 무엇인지 계속 내게 묻자.
고유한 나를 발견할 때 우리는
밤하늘에 유일하게 빛나는 별이 될 수 있다.

행복은 '충실한 오늘'의 총합이다

✦

몇 년 전에 등장한 신조어 중 '욜로(YOLO)'라는 말이 있다. 'You Only Live Once'의 머리글자를 딴 단어로 '인생은 한 번뿐이니 현재를 실컷 즐기자'는 의미를 지닌 말이다. 불안한 미래를 준비하느라 지금 하고 싶은 것을 놓치지 말라는 것이다. 요새는 '욜로'를 지나 '파이어족(FIRE: Financial Independence, Retire Early)'이 등장했다. 20~30대부터 허리띠 졸라매고 열심히 돈을 모아 조기 은퇴를 꿈꾸는 사람들을 뜻한다고 한다. 벌수 있을 때 열심히 벌어 남은 인생만이라도 편안하게 살아보자는 의미일 것이다.

개인의 가치가 그만큼 존중되는 시대가 되었다는 긍정적인 의미로 받아들일 수도 있겠지만, 나는 이런 삶이 과연 궁극적인 행복으로 이어지는가에 대해서는 의문이 든다. 물론 행복의 기준도 사람마다 다르니, 옳고 그름의 문제로 판단할 문제는 아니다. 다만 무엇이 최선인지에 대해서는 한 번쯤 생각해볼 필요가 있지 않을까.

'욜로'도 아니고 '파이어'도 아닌 이유

언론에서 '욜로'를 추구하는 젊은이들 소식을 접할 때면 한편 미안한 마음이 든다. 한참 꿈을 갖고 인생을 누려야 할 시기에 얼마나 많은 좌절을 겪었으면, 미래를 생각하지 않고 오늘의 즐거움만 찾겠다고 마음 먹게 되었을까. 그런 세상을 만든 건 틀림 없는 기성세대들이다.

하지만 미래에 대한 좌절감은 오늘 하루 즐겁게 산다고 해서 사라지지 않는다. 영원히 잊을 수 있다면 모를까 내일 다시 눈을 떴을 때 똑같은 좌절을 맛봐야 한다면, 그런 삶에 만족할 수 있을까. 우리는 이미 안다. 내가 한 선택은 어떤 형태로든 부메랑처럼 되돌아온다는 것을 말이다. 오늘 누리는 즐거움이 내일 두 배의 괴로움으로 돌아온다면 오늘의 즐거움이 대체 무슨 의미가 있을까.

열심히 살아도 미래는 불투명하니 당장 지금을 즐기자는 게 '욜로'라면, 어떻게든 경제적인 여유를 빨리 찾아 행복해지겠다는 것이 파이어족의 주장이다. 하지만 경제적 준비를 모두 마친다고 앞으로의 인생이 행복해질까?

물론 행복에는 기본적인 경제력이 필요하다. 하지만 돈으로 환산할 수 없는 생의 가치가 있다는 것은, 심리학의 수많은 연구를 통해서 이미 여러 번 입증되었다. 일정 기준을 넘어서면 아무리 돈을 많이 벌어도, 그로 인한 만족감은 더 커지지 않는다는 것이다. 세상의 변화에 일정 역할을 했다는 자부심, 스스로 성장하는 기쁨, 무언가 노력해 이뤄갈 때마다 느껴지는 성취감 등은 경제력과는 크게 상관없는 것들이다.

'욜로'와 '파이어족'은 일면 서로 다른 듯 보이지만, 사실 두 경향 모두 기저에 미래에 대한 불안감이 있다는 점에서 다르지 않다. 미래는 아랑곳하지 않고 현재의 모든 것을 즐기는 삶, 오직 경제적 여유를 위해 부의 축적만 추구하는 삶, 그 어느 쪽도 온전한 삶이라고는 보기 어렵다.

물론 과거 그 어느 시기보다 불안과 두려움이 큰 세상이지만, 오늘을 충실히 살면서 내일을 계획하고, 내일을 대비하면서 현재를 누릴 줄도 알아야 온전한 삶이다. 이는 시대가 아무리 바뀌어도 변하지 않는 진리가 아닐까 싶다.

몇 달 새 듣도 보도 못한 신기술이 언론에 등장할 만큼 세상은 빠르게 변하고 있다. 많은 일자리가 사라질 거라는 말도 들린다. 하지만 사실 가장 좋은 기회는 늘 위기 속에서 함께 찾아오는 법이다. 신기술의 등장과 함께 새로운 시장도 창출되고 있다.

내가 하는 일에 새로운 기술이 어떻게 연결될지, 무수한 변화들을 내 삶에 어떻게 유리하게 적용할지 호기심을 갖고 찾아보면 어떨까. 미래의 가능성을 찾고 즐겁게 준비할 수 있다면 고달픈 오늘의 삶도 조금은 가벼워지지 않겠는가.

일과 삶이 분리될 수 있을까

날씨 좋은 날 한가하게 경치 좋은 카페에서 커피 한 잔을 마시는 삶은 누구나 바라는 행복일 것이다. 하지만 이런 행복은 외부에서 주어지는 일시적인 만족감일 가능성이 크다. 궁극의 행복은 내 안에서 찾아야 하며, 그래야만 오랜 시간 지속할 수 있다. 나는 이런 궁극의 행복을 자신이 하는 일에서도 찾을 수 있다고 본다. 여기서 일이란 돈을 버는 수단만이 아니라 자기 스스로 가치를 부여할 수 있는 모든 활동을 뜻한다. 오늘보다 더 나은 내가 되기 위해 공부하는 것, 대가 없이 타인을 돕는 것, 공익을 위한 재능기부 등도 모두 아우르는 의미라 하겠다.

그렇다면, 이제 일상어로 자리 잡은 '워라밸(Work and Life Balance)'에 대해서도 한 번쯤 다시 생각해볼 필요가 있다. 많은 이가 일을 선택할 때 중요하게 생각하는 것 중 하나가 바로 '워라밸'이다. 다른 조건이 아무리 좋더라도 개인적인 생활에 희생이 따른다면 미련 없이 퇴사를 결정하기도 한다.

그런데 나는 한 가지 의문이 든다. 일과 삶이 같은 선상에서 정확하게 구별될 수 있을까. 일과 삶 사이에 과연 선명한 경계선이 있는가. 나는 일과 삶이 서로 분리될 성질의 것이 아니라, 오히려 사이좋게 조화를 이뤄야 하는 영역이라고 생각한다. 힘을 합해 동반 상승하는 관계라고 할까. 물론 전제가 있긴 하다. 그러기 위해서는 지금 하는 일(혹은 하고자 하는 일)이 돈을 버는 수단 이상이어야 한다. 보다 나은 사람, 보다 가치 있는 사람으로 만들어주는 일이라면 더 좋다.

우리는 생각보다 오래 살아야 한다. 그 긴 기간 동안 어떻게 살 것인지 조금 더 깊이 고민해볼 필요가 있다. 미래는 어느 날 갑자기 닥치지 않는다. 오늘은 어제의 결과이며, 오늘 하루가 모여 미래가 된다. 그러므로 인생의 어느 단계든 모두 나름의 의미가 있다. 그 소소한 의미들이 모두 모여 내 삶의 지향점이 되고 '나는 왜 존재하는가'에 대한 해답이 된다. 순간의 총합이 전체 인생(Whole Life)이 되는 것이다. 휘발되는 쾌락으로 오늘 하루를 낭비해서도 안 되고, 안락한 미래를 위해 지금 이 순간을 인내와 희생으로 도배해서도 안 된다.

오늘만을 위해 살거나 안락한 미래만을 꿈꾸지 말고, 인생을 보다 넓게 바라보길 바란다. 어제의 나, 오늘의 나, 내일의 나가 모두 모일 때 온전한 인생이 된다는 것, 나의 역사는 결국 내 손으로 써야 한다는 사실을 마음에 새겼으면 좋겠다. 다시 방탄소년단의 〈Answer : Love myself〉를 소환해본다.

내 안에는 여전히

서툰 내가 있지만

You've shown me I have reasons

I should love myself

내 숨 내 걸어온 길 전부로 답해

어제의 나 오늘의 나 내일의 나

(I'm learning how to love myself)

빠짐없이 남김없이 모두 다 나

어제보다 나은
내가 되고 싶다면

무엇이든 변화시키고 싶은 부분이 있다면,
내가 원하는 모습이 체화될 때까지
바꾸려는 노력을 부단히 반복하면 된다.
이것은 철저히 뇌의 문제다.
결심하고 실행해 옮기면 얼마든지 뇌를 바꿀 수 있다.
뇌를 바꾸면 습관이 바뀌고,
습관이 바뀌면 인생 전체가 달라진다.
지금 당장 변화를 위한 작은 행동을 시작해보자.

내가 15년째 거꾸로 TV를 보는 이유

지금으로부터 1년여 전 막 총장이 되었을 때, 학교일 외에 신문과 방송을 비롯한 여러 언론매체와 인터뷰를 하느라 꽤나 분주한 시간을 보냈다. 한번은 예능 프로그램에 출연했는데, MC가 던진 질문 하나가 세간에 적지 않은 화제가 되었다.

"정말 텔레비전을 거꾸로 놓고 보십니까?"

사실 텔레비전을 거꾸로 보는 습관은 이미 수년 전에 알려진 사실인데, 방송의 힘인지 그 뒤로 만나는 사람마다 같은 질문을 되풀이한다. 질문의 행간을 들여다보면 그게 정말 가능한지 궁금해하는 호기심이 반, 설마 진짜 그러겠느냐는 의심이 반이다. 추측건대 사람들이 기이한(?) 내 행동에 계속해서 관심을 보이는 건, 생전 듣도 보도 못한 신기한 행동이기도 하거니와 대체 왜 텔레비전을 거꾸로 보는지 진짜 이유가 궁금해서일 것이다.

TV를 거꾸로 놓고 보면 벌어지는 일

햇수를 헤아리면 텔레비전을 거꾸로 본 지가 벌써 15년이 넘었다. 지금 내가 머무는 카이스트 관사 거실의 텔레비전도 거꾸로 놓여 있다. 지난해 여름을 뜨겁게 달궜던 올림픽 경기도 모두 거꾸로 시청했다. 공이 바닥을 향해 포물선을 그리며 양 선수 사이를 오가다 천장으로 솟구치는 탁구 경기를 손에 땀을 쥐고 지켜봤다. 화면을 거꾸로 보는 게 힘들고 어려웠다면 경기 자체를 즐기지 못했을 것이다. 뒤집힌 텔레비전이 내게는 이제 일상으로 자리 잡았다는 뜻이다.

15년 전 학교 행정을 맡고 1년쯤 지난 어느 날, 매일 비슷한 말만 하며 똑같은 일을 되풀이하고 있다는 생각이 들었다. 나의 뇌가 점점 굳어지고 있다는 위기감을 처음 느낀 순간이었다. 어떻게 이 위기를 극복할 수 있을까? 거울을 들여다보며 곰곰이 생각에 잠겼는데, 좌우가 뒤바뀐 거울 속 모습을 내가 너무 자연스럽게 받아들이고 있다는 생각이 문득 스쳤다.

만일 위아래를 바꿔 보여주는 거울이 있다면 어떨까? 위아래가 바뀐 모습도 자연스럽게 받아들일 수 있을까? 한 며칠을 이런 생각에 빠져 있는데, 사무실에 있는 텔레비전이 눈에 들어왔다.

'텔레비전을 거꾸로 놓고 보면 사람도 거꾸로 보이겠구나.'

시험 삼아 텔레비전을 옆으로 90도 돌려놓고 보니, 옆으로 누운 사람들이 보였다. 내친김에 90도 더 돌려서 180도 뒤집어 놓고 시청해봤다. 완전히 거꾸로 놓인 텔레비전 속 세상은 위아래가 전부 바뀌어 있었다. 뒤집힌 세상을 계속 보면 뇌도 그만큼 유연해질 터. 나는 그 즉시 텔레비전을 거꾸로 설치해버렸다.

그렇게 텔레비전을 거꾸로 본 지 벌써 15년. 이제는 아무렇지도 않게 거꾸로 된 화면을 잘 본다. 심지어 빠르게 지나가는 자막을 한 글자도 놓치지 않는다. 그런데 많은 사람이 기대하듯 여기에 무슨 특별한 비결이 있는 건 아니다. 나는 그저 사람의 뇌가 작동하는 원리를 잘 이해했고, 그 원리를 내 삶에 그대로 적용했을 뿐이다.

변화하고 싶다면 뇌부터 알아야

우리의 뇌는 어떤 경험을 얼마만큼 지속하느냐에 따라 얼마든지 바뀐다. 이러한 뇌의 작동 원리를 제대로 이해하고 통제할 수 있다면 결국 내 삶을 내 의지대로 변화시킬 수 있다. 그러므로 뇌가 작동하는 원리, 즉 뇌의 메커니즘을 아는 것은 매우 중요하다. 뇌의 작동 원리를 제대로 이해해서 자신의 통제권 안에 두면 내가 원하는 나, 즉 '되고 싶은 나'가 될 수 있다. 내가 아무렇지도 않게 텔레비전을 거꾸로 보게 된 것처럼 말이다.

성인의 뇌 속에는 약 1,000억 개의 신경세포가 있다. 1,000억 개라고 하니 그 수가 실감이 잘 나지 않을 것이다. 돈으로 치환해보자. 머릿속에 1,000억 원이 있는 것이다. 갑자기 부자가 된 것 같지 않은가. 그런데 이 뇌세포들은 평균 하루에 몇천 개에서 몇만 개씩 죽는다. 알려진 대로 죽기만 할 뿐 새로 생기지는 않는다. 술을 자주 먹으면 더 많이 죽을 것이다. 평소 음주량이 많은 사람이라면 이 대목에서 걱정이 될 수도 있겠다. 뇌세포가 다 죽어버리면 어쩌지? 다행히 염려하지 않아도 된다. 재산이 1,000억 원쯤 되면 술값으로 매일 몇십만 원을 쓴다 해도 평생 먹고사는 데 지장이 없다.

아직 각각의 뇌세포가 하는 일이 정확히 밝혀지지는 않았다. 다만 뇌세포는 혼자서는 제 기능을 해낼 수 없다는 것이 정설이다. 시냅스를 통해 세포들이 연결되고, 그 세포 간의 상호작용을 통해 '생각'과 '기억'이 생성된다. 이는 마치 반도체칩 속의 전자회로가 일하는 방식과 비슷하다. 칩 속의 소자는 독자적으로는 제 기능을 수행하지 못한다. 여러 개의 소자가 작은 회로를 형성하고, 이 회로가 각자의 기능을 갖는다. 이것들이 모여 전체의 통합된 칩으로 기능하는 것이다. 우리의 뇌도 마찬가지다. 뇌세포가 서로 연결되어 네트워크를 만들고 그 네트워크가 독자적인 기능을 수행한다.

그런데 인간의 뇌세포는 전자회로와 결정적으로 다른 점이 하나 있다. 전자회로는 한 번 만들어지면 그대로 정형화되지만 인간의 뇌 회로는 평생에 걸쳐 계속 변한다는 점이다. 서로 연결되는 방식도 각양각색이다. 그저 옆에 있다고 연결되는 게 아니라, '필요'에 의해 연결된다. 멀리 떨어져 있더라도 서로 필요하면 연결된다.

처음 세포가 연결되었을 때 그 회로는 아주 약한 상태다. 세포끼리 살짝 걸쳐 있는 정도로 보면 된다. 만일 그 뒤로 아무 외부 자극이 없다면 언제 붙어 있었냐는 듯 회로는 사라진다. 누군가의 이름을 한 번 듣고서는 잘 기억하지 못하는 것도 그런 이유에서다. 그사이 아무 신호도 흐르지 않았기에 약하게 붙어 있던 회로가 끊어진 것이다. 만일 한눈에 반한 사람의 이름이라면? 오랜 시간이 지나도 이름 세 글자가 머리에 새겨진 듯 또렷하게 기억날 것이다. 상대의 얼굴과 이름을 끊임없이 떠올리는 과정에서 회로에는 그야말로 엄청난 양의 신호가 반복적으로 흘러들었을 것이기 때문이다.

왜 졸업과 동시에 영어를 한 마디도 못하게 될까?

나는 이런 뇌 회로의 메커니즘을 등산로에 비유하곤 한다. 사람의 손길이 닿지 않은 원시의 산을 처음 오른다고 가정해보자. 덤불을 헤치며 어렵게 발걸음을 옮길 것이다. 며칠 후에 다른 사람이 같은 산을 오르려고 한다. 그는 어느 쪽으로 발을 돌릴까? 당연히 첫 번째 사람이 오른 그 길로 걸음을 뗄 것이다. 시야를 가리던 나뭇가지와 잡풀들이 웬만큼 정리되어 처음 산에 오른 사람보다는 비교적 수월하게 등산할 수 있다. 이 과정이 몇 차례 반복되면 어느덧 등산로가 만들어진다. 찾는 사람이 많을수록 길은 넓어지고 바닥의 흙도 단단해질 것이다.

뇌세포의 회로가 만들어지는 원리도 동일하다. 처음 만들어진 회로는 견고하지 않다. 포스트잇처럼 약하게 붙어 있어 동일한 신호(자극)가 흐르지 않으면 쉽게 떨어진다. 하지만 외부로부터 자극을 받아 같은 신호가 반복적으로 흐르면 회로는 견고해진다. 낯선 영어 단어를 익힐 때 처음에는 잘 외워지지 않다가도, 수차례 읽고 쓰기를 반복하다 보면 어느덧 일상어로 쓸 수 있게 되는 것이 바로 이런 이치다. 문제는 이미 만들어진 회로라 해도 동일한 자극을 계속 주지 않으면 부지불식간에 사라진다는 점이다. 학창 시절 곧잘 읽던 영어책을 졸업한 뒤에 단어조차 이해하지 못하게 되었다고 많은 사람이 아쉬워하지 않는가.

이렇듯 뇌의 연결 회로는 외부 자극에 따라 끊이지 않고 바뀐다. 이에 따라 우리가 가진 생각이나 지식, 능력도 무궁무진하게 변화를 거듭한다. 비범한 사람에게만 해당하는 얘기가 아니라, 모든 사람에게 부여된 공통된 특성이다. 더욱이 여기에는 한계도 없다. 사람의 뇌가 매 순간 새롭게 변한다는 사실, 그리고 이런 뇌의 특성이 죽을 때까지 유지된다는 사실은 이미 현대 뇌과학에 의해 증명되었다. 이것이 바로 사람이 어느 순간에도 계속 성장할 수 있다는 증거다.

우리 모두는 각자가 원하는 모습으로 얼마든지 변할 수 있다.

'나는 원래 이런 사람'이라고 말하지 말자.

우리에게 필요한 건 변할 수 있다는 '믿음'과 부단한 '노력'뿐이다.

나만의 루틴을 만들어
끈질기게 반복하라

내 이야기를 듣고 호기심에 텔레비전을 거꾸로 봤다는 사람이 몇몇 있었다. 그들이 들려주는 후기는 대체로 비슷하다.

"생각보다 정신없고 머리가 아파서 볼 수가 없었어요."

"도무지 방송 내용에 집중할 수가 없었어요."

재미있는 드라마도, 좋아하는 가수의 퍼포먼스도 제대로 즐길 수가 없었다는 것이 공통된 얘기였다. 나 역시 처음 텔레비전을 거꾸로 놓고 볼 때는 힘이 들었다. 그동안 익숙하게 보아온 모든 것이 너무 생경해 아무것도 알아볼 수 없었고, 잠깐 보는 데도 머리가 아파 하루 10분 보는 것이 고작이었다. 익숙해지려면 시간이 걸리겠다 싶어 틈이 날 때마다 리모컨 전원 버튼을 눌렀다. 그러기를 몇 달. 도통 알아볼 수 없던 사물이 조금씩 눈에 들어왔다. 처음에는 복잡한 문양처럼 보이던 글자들도 어느 틈엔가 자연스럽게 읽히기 시작했다.

물론 그 과정이 쉬웠다고는 할 수 없다. 그럼에도 불구하고 내가 포기하지 않고 텔레비전을 거꾸로 보는 훈련을 지속할 수 있었던 것은 세상을 인식하는 방식은 뇌세포 회로 간의 연결 상태일 뿐이며, 다른 자극을 주기 시작하면 얼마든지 그 회로를 바꿀 수 있다는 '믿음' 때문이었다. 우리의 뇌는 처음부터 '사람의 머리는 위, 다리는 아래'라고 인식하도록 설계되지 않았다. 살면서 계속 그런 모습을 접하다 보니 으레 당연한 것으로 받아들이게 된 것이다. 하지만 틀을 깨는 자극을 계속 주입하면 인식 체계도 변한다.

이제 나는 텔레비전이 거꾸로 놓여 있다는 사실조차 인식하지 못 할 만큼 뒤집어진 화면을 편안하게 보고 있다. 거꾸로 된 화면에 익숙해진 것이다. 익숙해졌다는 건 나의 뇌 속에 '사물을 거꾸로 인식하는' 회로가 생겼다는 뜻이다. 영어를 이해할 수 있는 회로, 프랑스어를 이해할 수 있는 회로가 반복된 학습을 통해 자리 잡듯, 사물을 거꾸로 인식할 수 있는 회로가 내 머릿속에 추가된 것이다. 이는 타고난 재능과는 아무 상관이 없다. 물론 선천적인 특성에 따라 회로가 만들어지는 속도에 차이가 날 수 있다. 하지만 뇌가 작동하는 메커니즘은 누구에게나 적용되는 생물학적 특징이다. 나처럼 시간만 들인다면 어느 누구든 사물을 거꾸로 인식하는 새로운 회로가 생길 테고, 위아래가 뒤집힌 화면을 즐길 수 있게 될 것이다.

어제보다 나은 오늘을 만드는 법

새로운 뇌 회로를 구축하는 것이 과연 무슨 의미가 있을까. 굳이 불편한 과정을 거쳐 새로운 회로를 만들 이유가 어디 있는가. 답은 간단명료하다. 뇌 회로를 새로 만들지 않으면 지속 가능한 변화가 불가능하기 때문이다. 강한 결심으로 세웠던 목표가 시간이 지나 흐지부지되는 것은 새로운 회로가 제대로 자리 잡지 않아서다.

또 다른 이유는 눈앞의 현실에 안주하지 않기 위해서다. 프랑스어를 모를 때 'fleur'란 단어는 알파벳의 나열에 지나지 않는다. 프랑스어에 대한 뇌 회로를 구축해 'fleur'가 '꽃'을 뜻한다는 걸 알게 되면 이 단어를 접할 때 머릿속에 향기로운 꽃을 연상할 수 있게 된다. 이전에는 몰랐던 또 다른 세계가 열리는 것이다. 거꾸로 세상을 보는 회로도 마찬가지다. 거꾸로 세상을 보다 보면 이전에는 보이지 않던 새로운 것들을 볼 수 있게 된다.

나는 텔레비전뿐 아니라 보고서나 논문 등 문서도 종종 거꾸로 읽는다. 희한하게도 같은 내용도 거꾸로 놓고 보면 새로운 아이디어가 더 잘 떠오른다. 내 집무실의 카이스트의 조직도도 거꾸로 놓여 있다. 거꾸로 된 조직도에서는 학생들이 제일 위에 있고 총장인 내가 가장 밑에 있다. 그저 도표를 거꾸로 둔 것뿐이지만 시각적인 변화는 생각의 변화를 가져온다. 조직도의 가장 아래 있는 내 이름을 볼 때면 내가 마치 모닥불을 지필 불씨가 된 듯한 기분이 든다. 아래에서 불이 붙어 점차 위로 타오르는 모닥불을 떠올리며 교수와 학생들의 꿈을 어떻게 불붙게 할 것인지, 그들을 어떻게 섬길 것인지 고민하게 된다. 익숙한 사고 체계에 젖어 있던 뇌가 시각적 변화를 반복해 접함으로써 새로운 회로를 만든 것이다.

'보는' 행위 하나만 바꿔도 사고 전체가 바뀐다는 것을 몸소 체득한 후 나는 무엇이든 현재 상태와 다르게 바꿔보려는 노력을 많이 한다. 옷을 살 때 이전과 전혀 다른 스타일을 골라보거나 일부러 낯선 길을 걸어보기도 한다. 왼손으로 젓가락질을 해보고, 바지를 입을 때 오른발을 먼저 넣는 습관이 있는 걸 깨닫고는 의식적으로 왼발부터 입어본다. 매일매일 어제와 다른 나를 만들고 있는 셈이다.

나만의 루틴을 만들어라

나는 사람들을 만날 때마다 이렇게 강조하곤 한다. 원하는 바가 있다면, 뇌의 연결 회로를 그 방향으로 계속 만들어보라고 말이다. 뒤늦게 영어 공부를 하고 싶다면 아주 쉬운 단어부터 계속 보고 읽어 보자. 그 단어에 대한 기억의 회로를 구축하는 것이다. 물론 언어 영역의 연결 회로들이 많이 녹슬어 단시간에 완성하기는 어려울 것이다. 하지만 조급한 마음을 버리고 이를 '루틴화'하면 반드시 능숙한 언어 회로가 생긴다.

나만 하더라도 거의 매일 아침 유튜브를 보며 영어 공부를 한다. 작년에는 주 3일 레슨도 받았다. 젊은 시절 유학도 했고 카이스트에서 영어로 강의를 진행한 적도 있지만, 한때 잘했다고 계속 잘할 수 있는 건 아니다. 자주 안 쓰다 보니 내 머릿속의 영어 회로가 많이 사라졌다. 그런데 카이스트 총장이 되어 대외적인 활동이 늘다 보니 외국인과 접촉할 일도 많아졌다. 이전보다 영어를 더 잘해야 하는 상황이 되었기에 별도의 노력을 들이는 중이다. 근육이 아무리 튼튼해도 한 달 정도 꼼짝 않고 누워있으면 근육이 있던 자리에 지방과 수분이 들어선다. 근육세포나 신경세포나 비슷하다. 자꾸 사용하면 발달하고 사용하지 않으면 쇠퇴하기에 자꾸 써주고 단련해야 한다. 힘이 드는 건 맞지만, 말 그대로 '실행하면' 그 결과가 분명히 따라온다. 어디 영어 공부뿐이겠는가. 무엇이든 변화시키고 싶은 부분이 있다면, 내가 원하는 모습이 체화될 때까지 바꾸려는 노력을 부단히 반복하면 된다.

어린아이의 뇌 사진을 보면 신경세포 사이에 아주 약한 연결만이 존재한다. 아직 신경회로가 많이 만들어지지 않은 것이다. 그 뒤 언어를 배우고 사물에 대해 인식을 강화하면서 신경회로를 완성해 나간다. 그러다 성인이 되면 그 회로들은 어떤 '경향성'을 띠게 된다. 시간이 지날수록 사용하지 않은 회로는 하나둘 사라지고, 자주 사용하는 회로만 남았기 때문이다.

이렇듯 오랜 시간에 걸쳐 굳어진 뇌는 외부로부터 새로운 것이 들어올 때 쉽게 받아들이지 못한다. 이미 기존 회로가 강하게 연결되어 있는지라 다른 길을 만들기가 상당히 어려운 것이다. 효율적인 것을 좋아하는 우리의 뇌는 애써 새로운 회로를 만들려 하기보다, 이미 만들어져 익숙한 기존의 회로를 사용하기를 좋아한다. 하지만 시간이 걸릴 뿐 불가능한 것은 아니다.

새로운 시선을 갖고 싶은가? 스스로를 변화시키고 싶은가? 그렇다면 지금 당장 그것을 위한 작은 행동을 시작해보자. 그리고 끈질기게 그것을 반복해 루틴화시켜라. 처음에는 힘이 들 것이다. 하지만 반복을 거듭할수록 훨씬 수월해진다. 아직까지 한 번도 텔레비전을 거꾸로 본 적이 없다면 한 번쯤 시도해보기를 권한다. 어렵다면 휴대전화 화면이라도 뒤집어보자. 아마 자신이 그간 얼마나 익숙한 사고 체계에 사로잡혀 살아왔는지 깜짝 놀랄 것이다.

"나는 원래 이런 사람"이라고
함부로 말하지 마라

서던캘리포니아대학 심리학과 교수 데이비드 닐(David Neal)에 따르면 우리의 일상생활에서 각종 습관적 행동이 차지하는 비율은 45퍼센트 정도라고 한다. 아침에 일찍 일어나는 습관, 밥을 빨리 먹는 습관, 사람을 긍정적으로 보는 습관, 그날 해야 할 일을 끝내지 않으면 잠자리에 들지 않는 습관 등등 일상의 습관이 모여 그 사람의 정체성이 된다. 그러므로 나를 바꾼다는 것은 평소의 습관적인 행동을 바꾼다는 말과 크게 다르지 않다. 조금 더 나은 내가 되고 싶다면 마음에 들지 않는 습관들을 바꾸는 것부터 시작해보자.

습관을 버리기 어려운 진짜 이유

습관도 뇌세포의 회로에 의해 결정된다. 뇌세포 회로가 반복 사용되면서 연결이 강화되면 이 회로는 거의 자동적으로 작동한다. 회로가 확고해지면 그에 대한 자극이 올 때마다 그 방향으로 전기 신호가 흐르기 때문이다. 우리 몸은 익숙한 방식으로 행동하려고 하는데 그것이 에너지가 가장 적게 들어가기 때문이다. 우리는 이것을 습관이라 부른다.

습관이라는 것은 특별히 어떤 것을 의식하지 않고 하는 행동이다. 이미 그 사람에게는 그런 행동을 하게 하는 신경회로 루틴이 있는 것이다. 난처한 상황이 되면 머리를 긁적거리는 습관이 있다고 치자. 아마 처음에는 우연히 머리를 긁적거렸을 것이다. 당시에는 그 행동이 긴장감을 해소하는 데 도움이 되었을 수 있다. 그 행동이 반복되다 보니 자신도 모르게 습관으로 자리 잡은 것이다. 이렇듯 무의식적으로 행해지는 습관을 바꾸기 위해서는 어떻게 해야 할까?

먼저 행위에 대한 자각이 있어야 한다. '알아차림'이 있어야 한다는 뜻이다. 다음으로, 의식적으로 에너지를 써서 다르게 행동하는 연습을 하면 된다. 아마 이 대목에서 다들 고개를 갸웃거릴지도 모르겠다. 이미 몸에 배어 바꾸기 쉽지 않으니까

'습관'인 게 아닐까? 하지만 단언컨대 어떤 습관이라도 바꿀 수 있다.

앞에서 살펴본 바와 같이, 습관도 뇌 속에서는 결국 뇌세포 회로로 되어 있다. 뇌세포 회로는 얼마든지 바뀔 수 있다. 물론 바꾸는 과정이 쉽지 않겠지만 100퍼센트 바뀐다. 단 필요한 조건이 있다. 바로 '바뀐다는 믿음'이다.

바다 건너 지구 반대편으로 출장이나 여행을 갔을 때를 떠올려보자. 도착하면 지독한 피로가 몰려온다. 분명 환한 대낮인데 내 몸은 깊은 밤을 헤매고 있다. 나의 뇌가 고국에서의 시간 체계에 길들어 있기 때문이다. 하지만 짧으면 하루, 길어야 이삼 일이면 현지의 시간에 적응한다. 머릿속 회로가 바뀐 것이다.

이렇듯 평생을 지배하던 수면 습관도 단 며칠 내에 바꿀 수 있다. 하물며 일상의 소소한 습관들이야 두말할 필요도 없다. 다만 약간의 노력과 고통이 필요할 따름이다. 그런 까닭에 "나는 원래 이런 사람이야"라는 말은 애초부터 성립되지 않는다. 그런데 왜 우리는 매일 똑같은 습관을 몸에 달고, 전혀 나아지지 않은 태도로 살아가는 걸까.

우리가 지긋지긋하고 불편한 습관을 버리지 못하는 진짜 이유는 변화에 대한 불신 때문이다. 습관을 고치는 게 애당초 불가능하다는 생각에 지레 체념하는 것이다. 효율성을 좋아하는 우리의 뇌는 에너지를 많이 써야 하는 변화보다는 여태까지 해왔던 익숙한 길을 택하려고 한다. 뇌로 하여금 그 익숙한 길을 포기하고 새로운 회로를 구축하게 하는 힘은 바로 '나를 바꿀 수 있다'는 확실한 믿음이다. 그 믿음이 구체적인 노력을 가능하게 한다.

나는 아침마다 40~50분씩 턱걸이와 팔굽혀펴기를 하고, 조깅도 한다. 하루도 빼먹지 않는다. 남들은 내가 운동을 즐긴다고 생각할지 모르지만 실은 그렇다고 말하기 어렵다. 운동을 시작하기 전에는 꾀가 난다. 편한 것을 따르려는 뇌의 메커니즘 때문이다. 어느 날 아침 비가 오면 괜스레 기쁜 마음이 들기까지 한다. 그런 날은 날씨 핑계로 하루쯤 쉴까 하는 생각도 하지만, 결국은 실내에서 맨손 운동이라도 한다. 쉬고 싶은 유혹은 한가득이지만, 매일매일 운동을 하면 나의 뇌 속에 운동에 관한 회로가 확고해진다는 과학적인 믿음이 나를 움직이게 하는 것이다.

습관을 바꾸는 것은 결국 뇌의 회로를 바꾸는 것과 같은 일이다, 뇌의 메커니즘을 바탕으로 습관을 바꿀 수 있다고 믿는 사람은 변화를 위해 노력할 것이다. 과학적인 증거가 있는데 노력하지 않을 이유가 없다. 하지만 변화의 원리를 제대로 이해하지 못하는 사람, 그래서 어떤 변화라도 가능하다는 과학적 사실을 믿지 못하는 사람은 별다른 노력 없이 현재 모습 그대로 살아갈 것이다.

결국 사람은 자기가 믿는 대로 된다

습관을 바꾸는 일은 앞서 언급한 시차를 극복하는 것과 같다. 뇌 안에 새로운 회로를 구축하려면 별도의 노력이 필요하다. 초반에는 상당한 불편함이 따른다. 새롭게 만든 회로가 과거의 그것보다 충분히 튼튼해질 때까지 계속 불편할 것이다. 하지만 포기하지 않고 계속 새로운 회로를 사용하다 보면 그것이 굳어진다. 뇌세포 회로가 새롭게 변화한 것이다. 새로운 회로가 과거의 것보다 강해지면 오히려 옛 습관으로 돌아가기가 힘들다. 외국에 적응된 수면 습관이 한국에 돌아오면 다시 고통스럽게 느껴지는 것을 모두 경험해봤을 것이다.

사람은 결국 '습관'으로 이루어진 생명체다. 습관이 바뀌면 내가 바뀐다. 뇌가 바뀌면 나도 바뀐다는 믿음이 사람을 변화시키지만 뇌세포 회로를 새로 만드는 데는 사람마다 차이가 있다. 또한 어떤 회로는 금세 만들어지고 어떤 회로는 아무리 노력해도 잘 만들어지지 않는다. 인간의 습관은 선천적인 요소와 후천적인 노력에 의하여 만들어지기에 유전적으로 타고난 것들은 극복하기가 쉽지 않다. 태생적으로 왼손잡이라면 오른손을 능숙하게 사용하기 위해 상당히 많은 노력이 필요하다. 하지만 불가능한 것은 아니다. 태생적인 오른손잡이에 비해 시간이 걸릴 뿐이다. 태어나면서부터 운동신경이 무디고 유연성이 떨어지는 사람이 있다. 이런 사람이 운동신경을 개발하려면 다른 사람에 비해 조금 더 힘을 들여야 한다. 하지만 이 역시 못할 건 아니다. 선천적인 요인을 극복하기 위해 후천적인 노력이 더 필요할 뿐이다.

우리 모두는 각자 자신이 원하는 모습으로 언제라도 탈바꿈할 수 있다. 현재의 모습과 전혀 다른 모습으로 성장할 수도 있다. 내가 싫어하는 어떤 모습을 버릴 수도 있고, 좋아하는 모습을 얻을 수도 있다. 간디는 이렇게 말했다.

"할 수 있다는 믿음을 가지면, 처음에는 그런 능력이 없을지라도 결국에는 할 수 있는 능력을 확실히 갖게 된다."

뇌 과학이 태동하지도 않았던 시절에 이미 간디는 그 사실을 일찌감치 깨닫고 자신의 삶에 구현했고, 자신이 믿는 거의 모든 것을 끝내 이뤄냈다.

"나는 원래 이런 사람이야"라는 말은 전혀 유효하지 않다.

이것은 철저히 뇌의 문제다. 뇌가 바뀌면 나도 바뀐다. 우리에게 필요한 건 바꿀 수 있다는 '믿음'과 바뀔 때까지 부단히 노력을 지속할 수 있는 '끈기'뿐이다.

누구도 대신할 수 없는
내가 되는 법

누구도 대신할 수 없는 나만의 미래는
머릿속 생각이 아닌
내가 무엇을 실행하느냐에 따라 결정된다.
한 번쯤 안 해본 걸 시도해보자.
누구도 해보지 않은 일을 처음 도전했을 때의 기분을 느껴보자.
남다른 생각을 정말 실행에 옮길 때,
세상에 단 하나뿐인
유일한 존재로서의 내가 될 수 있다.

괴짜라고 불리던 대학 교수

꽤 오래 전부터 사람들이 나를 부르는 별칭이 하나 있다. 사전적 정의로 괴상한 짓을 잘하는 사람을 이르는 말, 바로 '괴짜'다. 어쩌다 내가 그런 별칭을 얻게 되었는지 확실하지는 않지만, 주변 지인을 넘어 대중들에게도 이른바 괴짜 교수로 각인된 계기가 있다. 때는 1998년, 당시 나는 40대였고 여러모로 인생의 정점에 서 있었다. 한참 연구실에서 학생들과 연구 자료를 검토하고 있는데, 어느 드라마 작가에게 연락이 왔다. 알고 보니 〈여명의 눈동자〉, 〈모래시계〉 등으로 드라마계의 큰 획을 그은 송지나 작가였다.

"시간이 되시면 한번 찾아뵈어도 될까요?"

"저를요? 무슨 일이신가요?"

"학생들에게 독특한 교수님이 있으면 좀 소개해달라고 했더니 하나같이 이광형 교수님을 만나보라고 하더라고요."

만나서 나는 늘상 사람들과 하던 이야기를 편하게 털어놨다. 세상에 신기한 게 얼마나 많은지에 대해, 그리고 내가 좋아하는 학생들에 대해 한참을 이야기했다. 지금도 그렇지만 그때도 나는 남과 다른 생각을 하는 학생을 좋아했고, 말도 안 되는 정말 이상한 일을 벌이는 학생에게 열광했다. 이야기를 마치고 나자 송 작가는 자신감에 차서 말했다.

"주인공 교수의 모델을 찾았으니 이제 드라마를 쓸 수 있겠네요."

1세대 벤처 스타들이 탄생하기까지

나의 어떤 점을 보고 확신했는지 알 수 없지만, 단 한 마디 지금도 기억나는 말이 있긴 하다. '다른 교수님들 같지 않다!' 당시로서는 그게 칭찬인지 아닌지 판단이 잘 안 되었다. 다른 교수들과 겉모습은 확연히 달랐을 것이다. 당시 나는 여타의 교수들처럼 잘 정돈된 상태가 아니었다. 머리를 잘 빗지 않아 부스스했고, 정장이 싫어 티셔츠 차림으로 출근하기도 했다. 아마 그 당시에는 스포츠카를 몰고 다니는 자유로운 옷차림의 교수가 특이해 보였을 것이다.

그렇게 송 작가와의 만남으로 제작에 참여하게 된 드라마가 바로 〈카이스트〉다. 배경 자체가 카이스트이니 에피소드 자체에 과학적인 지식이 상당히 녹아들어 있었고, 송 작가는 대본을 쓰는 내내 내게 이런저런 조언을 구했다. 나중에는 온라인으로 소통 창구를 열어 카이스트 학생 전체가 아이디어를 제공하기도 했는데, 이에 감동한 송 작가가 어느 인터뷰에서 "이천 명의 학생들과 함께 썼다"라는 말을 남기기도 했다.

극 중 안정훈 씨가 맡은 괴짜 교수 역할은 나를 보고 만들어 낸 캐릭터라고는 하나 완전히 나와 같은 모습은 아니다. 특히 안정훈 씨가 내는 특이한 웃음소리는 캐릭터에 확실한 성격을 부여하기 위해 송 작가가 가미한 모습이었다. 아무렴 내가 가끔 이상한 소리를 냈다고는 해도 그렇게 줄기차게 희한한 소리로 웃어댄 것 같지는 않다. 하지만 송지나 작가가 "평소 보고 듣고 염탐한 이 교수의 어투, 어록, 에피소드를 아낌없이 사용했다"라고 밝힌 바 있으니 아마 많은 부분 비슷하긴 할 것이다. 극 중의 교수가 다른 색깔로 짝짝이 신발 끈을 묶고 다니거

71

나, 학생들에게 자기 컴퓨터를 해킹해보라고 했던 에피소드는 실제 있었던 일이다.

특히 비슷했던 건 연구실 분위기였다. 드라마에 등장하는 학생들은 각각 독특한 개성을 지녀서 많은 인기를 끌었는데 실제 전산학과 교수 시절 내 연구실에는 유난히 특이한 학생들이 많았다. 내 연구실에서는 교수가 별다른 간섭을 하지 않고 하고 싶은 것을 마음대로 하게 놔둔다는 소문이 돌아서 그런 성향의 학생들이 많이 모여들었다. 당시 나는 제자들에게 일정 수준 이상의 간섭을 하지 않았다. 나머지는 저 스스로 하게끔 했다. 주도적으로 판단하고, 자신이 내린 결정은 끝까지 책임지며, 이를 위해 스스로 방법을 찾는 것.

틀에 짜서 네모로 만드는 교수가 있고 던져놓고 알아서 잘하라는 교수가 있는데, 나는 후자 스타일이어서 그런 성향의 학생과 잘 맞았다. 학생들을 그렇게 방임할 수 있었던 건 나 역시 마음이 동하는 일에는 물불 가리지 않고 파고드는 괴짜 성향을 지니고 있었기 때문이 아닐까 싶다. 나는 호기심이 많을 뿐 아니라 한번 해야겠다고 마음먹은 일은 주위에서 뭐라고 하든지 크게 신경 쓰지 않고 반드시 해내는 편이었다.

연구 주제도 학생들이 잡게 했다. 간혹 갈피를 잡지 못하는 학생에게 조언은 해주었지만 대부분 자율에 맡겼다. 스스로 연구 주제를 잡기 위해 고민하고 자료를 찾는 과정에서 비약적으로 성장한다는 것을 믿었기 때문이다. 그런 중에 창업을 하는 학생도 속속 등장했다. 그 당시에는 관습에 위배되는 일이었지만, 창업에 관해서도 나는 학생이 원하면 하는 것이 맞다는 생각이었다. 어쩌다 보너스를 받으면 학생들이 만든 회사에 투자하기도 했다. 큰돈은 아니었지만 학생들 입장에서는 지도교수가 돈까지 주며 지지해주니 힘이 났을 듯싶다. 아마 내 제자들이 각계 분야에서 뛰어난 성과를 발휘하는 데에는 이런 점들이 도움이 되지 않았을까 생각해 본다. 그 덕분에 나는 '카이스트 벤처의 대부'라는 황송한 별칭까지 얻었다.

괴짜 기질은 누구에게나 있다

돌이켜 보면 학생들의 창업을 주도적으로 이끈 건 결코 아니다. 그럼에도 불구하고 훗날 내 연구실이 카이스트 벤처의 산실이라고 불릴 수 있었던 이유는 첫째, 나는 학생들이 하고 싶은 것은 마음대로 하게 했다. 뭐든 하고 싶다고 말하는 학생들을 기특하게 생각하고 격려했다. 둘째, 학생들의 호기심을 귀하게 여기고 항상 응원했다. 모든 질문은 작은 호기심에서 비

우리가 꿈꿔야 할 삶은 안전이 보장된 인생이 아니라
내일 무슨 일이 펼쳐질지 기대되는 인생이다.
설사 바닥으로 떨어지는 위험이 도사리고 있더라도,
꿈에 가까이 가는 삶을 살 때, 오늘 하루가 더없이 즐거워진다.

롯되고, 그것이 쌓여갈 때 결국에는 세상에 없는 창조물을 만들어낸다는 걸 알았기 때문이다. 셋째, 일단 무슨 일이든 실행해볼 수 있는 분위기를 만들었다. 이른바 '일단 해보자'는 태도다. 지식은 머릿속에 머물렀을 땐 아무 힘이 없다. 행동으로 옮겼을 때 비로소 의미가 있다. '내가 바라는 미래의 삶'은 머릿속 생각이 아닌 내가 무엇을 실행하느냐에 따라 결정된다. 그런 까닭에 나는 학생들이 이상한 일을 벌여도 나무라지 않았고, 결과와 상관없이 일단 실행해본 것을 크게 칭찬했다.

흔히 괴짜를 남과 달라 튀는 사람, 사회에 적응하지 못하는 사람이라고 생각하지만, 내가 생각하는 진짜 괴짜는 남들이 뭐라고 하든 말든, 내가 하고 싶은 것을 찾아서 용기 있게 실행에 옮기는 사람이다. 20년 전 내 연구실의 제자들처럼 말이다.

나는 누구나 괴짜의 기질을 가지고 있다고 생각한다. 지극히 평범하기만 한 사람은 없다. 다들 내면에 자신만의 특별하고 기이한 상상력 몇 개씩은 품고 있다. 다만 내면의 괴짜다움을 발휘할 용기가 없을 뿐이다.

나는 평범하지 않은 학생들에게 좋은 점수를 주는 편이다. 남들과 다른 시각으로 세상을 보고 남들이 보지 않는 것을 보고 하지 않는 일들을 해보는 학생들을 좋아한다. 궁금한 것이 있으면 주저하지 않고 물어보는 학생들을 좋아한다. 끝도 없이 질문하는 학생들을 최고로 친다. 오죽하면 질문만 할 수 있는 수업을 만들기까지 했을까. 만일 내가 신입생을 뽑는 입학사정관이라면 천편일률적으로 교육받은 학생들보다 독특하고 새로운 시도를 많이 한 학생을 더 눈여겨볼 것이다. 이런 괴짜들에게 세상은 놀이터나 다름없다. 별다르게 가르칠 것도 없다. 하고 싶은 대로 알아서 잘 놀게 놔두면 기대하지 않은 성과를 낸다. 괴짜들은 호기심을 자극하는 일에 고도의 집중력을 발휘한다. 만족할 만한 답을 얻을 때까지 계속 그 분야를 파고든다. 그러는 사이 해당 분야에 전문가적인 통찰을 갖게 된다.

그래서 나는 틈이 날 때마다 이렇게 말한다. 한 번쯤 안 해본 걸 시도해보라고, 그 길이 조금 고되더라도 괴짜만이 세상을 바꾼다고 말이다. 더 많은 사람이 누구도 해보지 않은 일에 처음 도전했을 때의 기분을 느껴봤으면 싶다.

카이스트 서열 1위 거위들이
내게 알려준 것들

현재 카이스트에는 열두 마리의 거위가 있다. 얼마 전까지 열 마리였는데 그 사이 귀여운 아기 거위가 두 마리 부화해 열두 마리가 되었다. 한때 개체가 너무 늘어 연못을 더럽혀 수 조절을 좀 해줬으면 좋겠다는 청을 받은 적도 있는데 어느 순간부터는 대체로 열 마리 선에서 유지가 되고 있다.

내가 카이스트 교정에 거위를 들여온 지가 2001년이니 벌써 20년이 넘었다. 카이스트 캠퍼스는 굉장히 넓고 풍광이 아름답다. 캠퍼스 안에 연못도 있다. 캠퍼스는 더없이 근사한데 학교 안을 산책할 때면 뭔가 아쉬웠다. 이 고즈넉한 캠퍼스에 뭔가 살아 움직이는 것이 있으면 좋지 않을까? 공부에 지친 학생들의 마음을 편안하게 해줄 무언가가 있으면 좋지 않을까?

내 인생에서 가족 다음으로 오래된 존재

대전 유성시장에 장이 선 날, 한 마리에 칠팔천 원 하는 오리를 몇 마리 사 왔다. 얼마 동안 길러 보니 드넓은 캠퍼스에서 존재감을 드러내기에 오리는 조금 작다는 생각이 들었다. 다시 시장에 가서 이번에는 오리에 비해 제법 가격이 나가는 새끼 거위 다섯 마리를 샀다. 한 마리에 3만 5,000원이었으니 당시 물가로는 적잖은 값이었다. 오리에 거위까지 눈에 띄니, 학교 관계자들은 주동자(?)를 궁금해했다. 아마 누군가 일부러 사다 놓았을 거라고는 생각도 못 했을 것이다. 학교에 거위들이 활보하는 걸 볼 때마다 나는 못 본 척 시치미를 뗐다.

거위들은 캠퍼스에서 용케 잘 지냈다. 중간에 자연사한 거위도 있었는데 그럴 때마다 다시 새 식구를 들였다. 카이스트 교정 곳곳에 수풀이 우거진 곳이 많아 야생고양이들이 수시로 드나드는데, 이를 걱정한 제자들이 철망을 가져다 새끼 거위들이 안전하게 지낼 수 있는 보금자리를 만들어주기도 했다.

다행히 거위는 야생성이 강해 특별히 먹이를 챙겨주지 않아도 교정 곳곳의 풀을 뜯어 먹으며 잘 지냈다. 다만 눈이 와 풀을 먹을 수 없는 겨울에만 먹이를 주면 되었다.

처음 거위를 들여놓았을 때는 이렇게 오랫동안 함께 살게 될 거라고는 생각하지 못했다. 그렇게 한 해 두 해 시간이 지나다 보니 가족 다음으로 내 인생에 가장 오래 함께한 존재로 자리 잡았다. 겨울에 눈이라도 내리면 거위가 제일 먼저 생각난다. 덕분에 나는 거위의 습성에 대해선 웬만한 학자 못지않은 지식을 갖게 되었다. 거위의 나이는 이마를 보면 알 수 있다. 나이가 들면서 앞이마가 나온다. 이마가 가장 튀어나온 녀석이 나이가 가장 많은 대장이다.

가끔은 거위가 사람보다 영리하다는 생각이 들기도 한다. 잘 때는 꼭 물가에서 잠을 자는데 모두 한꺼번에 자는 것이 아니라 한두 마리는 늘 보초를 선다. 인간들이 사는 곳엔 도처에 위험이 도사리고 있다는 걸 아는지, 차도를 건널 때는 가장 큰 거위 두 마리가 무리의 나머지를 보호하며 움직인다.

목소리는 어찌나 우렁찬지, 낯선 상황이 발생하면 까악까악 소리를 질러 경계 태세를 취하는데, 처음 이를 목격한 사람들은 하나같이 깜짝 놀란다. 낯선 카이스트 교정 안에서 자리를 잡아 자기들끼리 열심히 살아가는 생명력 넘치는 그 모습에 '타조를 기르면 어떨까' 하는 욕심이 생기기도 했다. 거위가 이 정도이니, 타조까지 데려오면 캠퍼스 안에 활기가 넘칠 것 같았다. 하지만 타조도 사람도 서로에게 위험을 줄 수 있다는 생각에 아쉽지만 포기했다.

타인이 즐거우면 나도 행복해진다

이제 시간이 지나 거위들은 카이스트 구성원 모두의 사랑을 한 몸에 받으며, 명실상부 카이스트 서열 1위로 자리 잡았다. 떼를 지어 위풍당당 걷는 모습은 보고만 있어도 신기하고 기특하다. 차가 빵빵대도 아랑곳없이 자기들 속도대로 천천히 걷다 보니, 불의의 교통사고를 당하는 일도 생겼다. 이를 막기 위해 2010년부터는 거위들이 잘 다니는 길에 건널목을 만들고 거위 표지판을 설치했다. 거위 전용 횡단보도를 유유히 걸어가는 거위 떼의 모습은 카이스트에서만 볼 수 있는 명장면이다. 거위가 길을 지나가면 모든 차가 일단 멈춘다. 경적을 울려서도 안 된다(그런다고 거위들이 마음 급한 운전자를 배려해 빨리 길을 건널 것 같지도 않다). 실로 카이스트 서열 1위에 걸맞은 예우가 아닐 수 없다.

거위가 학교에 있다는 소문에 실물을 보겠다고 인근 주민들이 아이들과 함께 찾아오곤 한다. 카이스트에서 제일 보고 싶은 것이 바로 이 거위라니 그 말만으로도 뿌듯한 기분이 든다. 실제 거위를 본 사람들은 그 크기에 한결같이 놀란다. 대여섯 살 아이 키 정도 될까? 거위에게 새우깡을 주겠다고 찾아온 고사리손 어린이들이 실물의 크기에 놀라 뒷걸음질을 치기도 한다. 하지만 놀라는 건 잠시, 어느덧 거위 뒤를 아장아장 쫓으며 환하게 웃는 모습에 교정 분위기까지 밝아지는 느낌이다. 그렇게 거위는 이제 카이스트 밖의 사람들과도 친구가 되었고, 학사모를 쓴 거위 인형은 카이스트 기념품숍에서 가장 인기 있는 상품이 되었다.

처음에는 그저 나를 위한 재미로 거위를 데려다 길렀다. 그런데 사람들이 거위 때문에 즐겁게 웃는 걸 보면서 내가 느끼는 기쁨은 더없이 커졌다. 나 혼자 즐거운 것은 작고 소소한 기쁨이지만, 나로 인해 누군가 행복해하는 걸 보며 느끼는 즐거움은 크고 깊은 기쁨이다. 이런 사실 또한 거위를 통해 깨달았다.

누군가는 이렇게 생각할지 모른다. 쓸모도 없는 일을 왜 하느냐고, 거위를 기르는 게 무슨 이익이 있느냐고 말이다. 산술적으로 놓고 보면 보태지는 건 없고 번거로움만 생기니 안 하는 게 맞다. 그런데 사람들이 모르는 것이 하나 있다. 때로 가장 쓸모없어 보이는 일이 그 무엇도 대체할 수 없는 가치로 환산된다는 것이다. 적막하던 교정에 활기가 생긴 데는 거위 가족이 적지 않은 역할을 했다.

　퇴임을 하면서 나는 후임 교수님에게 거위 아빠 자리를 물려주었다. 어린 시절을 시골에서 보내 꿩, 토끼 등 각종 동물을 여럿 키워본 생물과 교수님이 기꺼이 거위들의 아빠가 되어주기로 한 것이다. 은퇴를 하기 전 거위를 대체 누구에게 맡겨야 하나 고심하던 중 적합한 후계자를 찾게 되어 더없이 기뻤다. 새 거위 아빠는 틈틈이 거위의 일상에 대한 리포트와 근황이 담긴 사진을 보내준다. 거위들은 여전히 건강하고 씩씩하게 잘 지내고 있다.

나는 세상에 단 하나뿐인 유일한 존재

평소에 머릿속으로 독특한 생각을 자주 하는 사람은 많다. 하지만 그런 사람을 모두 괴짜라고 부르진 않는다. 앞서 말했듯 독특한 생각을 어떤 식으로든 실행에 옮기는 사람이 진정한 괴짜가 아닐까.

모든 사람이 괴짜의 삶을 살 필요는 없지만, 괴짜가 없으면 이 세상은 변하지 않는다. 남과 다른 생각을 하는 괴짜들이 세상을 움직이는 것이다. 현재 전 세계를 들썩이는 사람들은 한결같이 남다른 생각을 정말 현실에서 실행한 인물이다.

무엇이 불가능을 가능으로 바꾸는가

남아프리카공화국에서 태어난 테슬라 최고 경영자 일론 머스크(Elon Musk)는 어릴 때부터 책과 게임에만 빠져 사는 독특한 아이였다. 어린 시절 공상과학 소설을 즐겨 읽으며 우주여행을 꿈꾸기도 했다. 그에게 특히 큰 영향을 끼친 것은 아이작 아시모프의 장편 SF소설 《파운데이션》 시리즈라고 한다. 이 소설은 그가 설립한 스페이스X의 슬로건 '다행성 종족화'의 모티브가 되었다.

어릴 때부터 남달랐던 탓에 또래에게 따돌림 당하는 일도 흔했던 일론 머스크는 코 수술을 받아야 할 만큼 폭행을 당한 적도 있었다고 한다. 하지만 그는 자신의 고유성을 잃지 않았다. 미국 펜실베이니아대학에서 경영학과 물리학을 공부한 후 스탠퍼드대학 박사과정에 들어갔지만 이틀 만에 박사과정을 자퇴한 후 실리콘밸리에서 사업을 시작했다. 전자상거래 서비스 기업인 '엑스닷컴'을 일으켰고 이후 유사한 사업체와의 합병을 통해 인터넷 결제 서비스인 '페이팔'을 탄생시켰다. 인터넷 최대 경매사이트 이베이(eBay)가 페이팔을 인수하면서 일론 머스크는 엄청난 자금을 손에 쥐게 된다. 하지만 그는 세간의 통념을 뒤엎고, 그 돈을 부동산이나 주식이 아닌 '우주'와 '미래 산업'에 쏟아부었다. 지금도 그의 행보를 비현실적이라고 비웃는 사람이 있지만, 그의 방향성은 굳건하다.

그의 최종적인 꿈은 종말을 맞을지 모르는 인류를 위해 화성을 개척하는 것이다. 얼핏 공상과학영화처럼 허황되어 보이지만 이 괴짜는 사람들이 불가능하다고 생각하는 것을 하나하나 재현해내고 있다. 스페이스X는 민간기업으로는 최초로 우주에 유인 우주선을 보냈고, 2024년 9월에는 승객 100명을 태우고 화성 탐사에 나서겠다는 야심찬 계획을 발표했다.

이처럼 괴짜들은 도저히 실현 불가능해 보이는 것들에 대해 꿈을 꾼다. 그리고 그 꿈을 이루기 위한 일들을 정말로 하나씩 실행에 옮긴다. 가장 먼저 미래에 도착하는 사람들이다.

그들에게 눈앞의 이득은 중요하지 않다. 설사 전 재산을 다 날린다 해도 굴하지 않는다. 괴짜가 원하는 삶은 안전이 보장된 인생이 아니라, 내일 무슨 일이 펼쳐질지 기대되는 인생, 그래서 오늘 하루가 더없이 즐거운 인생이다. 설사 바닥을 치는 위험이 있더라도 꿈에 가까이 가는 삶, 그것이 진정한 괴짜의 삶이며 그런 괴짜들이 우리가 사는 이 세상을 획기적으로 변화시킨다.

카이스트에서는 이런 '괴짜성'을 장려하기 위해 매해 '카이스트 크레이지 데이(KAIST Crazy Day)'를 개최하고 있다. 이날 학생들은 파격적(Crazy)이고, 창의적(Creative)이면서, 도전정신(Challenging)과 배려정신(Caring)을 담은 자신만의 상상력을 마음껏 발휘한다. 가장 독특하고 기이한 아이디어를 선보인 사람이 수상의 주인공이 된다.

10년 먼저 미래에 도착한 사람

우리나라에도 대표적인 괴짜가 있다. 내 제자이기도 한 NXC 대표이사 겸 넥슨 창업자 김정주다. 그는 내 총장 취임식에서 축사를 하는 도중 나에 대한 고마움을 말하다가 감회가 북받쳤는지 잠시 말을 잇지 못했다. 김 회장의 진심이 느껴져 지켜보는 사람도 상당히 울컥했다는 이야기를 전해 들었다. 겉으로는 게임 회사를 창립해 승승장구한 것처럼 보이지만 그 역시 초창기에는 여러 시련을 겪었다. 그때마다 내게 큰 힘을 얻었다고 했다. 나를 그렇게 생각해준다니 너무나 고맙지만 아무리 생각해봐도 내가 김정주 회장에게 특별히 해준 것은 없다. 과연 어떤 점이 그런 마음을 갖게 했을까.

유일하게 해준 것이 있다면 별 다른 말없이 그가 하는 것을 계속 지켜보았다는 것이다. 김정주 회장은 대학원 시절 그야말로 눈에 띄는 골칫덩어리였다. 아마 당시 그에게 '괴짜'라는 말을 붙였다면 좋은 뜻만은 아니었을 것이다. 수업 시간에 제대로 나타나지 않는 것은 물론 머리도 각양각색으로 꾸미고 다녔다. 당시 남학생으로는 흔치 않게 귀걸이까지 하고 다녔는데 짝을 맞추지도 않았다. 나 역시 점잖게 차려 입은 여타의 교수와는 꽤 다른 편이었는데 당시 김정주는 상상을 뛰어넘는 수준이었다. 예의 바르고 공손한 스타일도 아니어서 인사도 고개만 까딱하는 식이었다. 중요한 세미나에도 얼굴만 잠시 비추고는 어느 틈엔가 사라져버렸다.

그는 무언가에 온전히 빠져 있었다. 그때 김정주는 사람들이 컴퓨터로 함께 게임을 할 수 있는 프로그램을 개발하겠다고 했다. 지금처럼 인터넷이 연결되지도 않았고 이메일이라는 개념도 낯설던 시절이었다. 컴퓨터 사이에 그래픽 영상을 실시간으로 전달하려면 각각의 컴퓨터가 네트워크로 연결되어야 한다. 또한 네트워킹 속도가 메가(mega) 급으로 빨라야 하는데 당시로서는 상상 속에서나 가능한 일이었다. 하지만 김정주 회장은 당장이 아닌 10년 후를 꿈꾸었다. 모든 컴퓨터가 초고속통신망으로 연결이 될 10년 후의 세상을 그리며, 미래에 사람들이 즐길 인터넷 게임을 만들고 있었던 것이다.

낮에는 수업을 듣고 밤에는 게임을 개발하던 그는 마침내 첫 작품 〈바람의 나라〉를 내놓았다. 인터넷이 온 나라에 깔리게 되었을 때 그 시장에서 독보적인 존재가 된 것은 필연적인 결과다. 김정주 회장은 회사에 자주 출근하지 않고 소박한 옷차림으로 혼자 다니곤 했는데, 넥슨이 다른 건물에 세 들어 있던 몇 년 전에는 출근하기 위해 회사 정문에 들어서는 김정주 회장을 경비원이 막아선 적도 있다고 한다. 위층에서 일하던 직원이 내려와 신분을 확인해주고 나서야 비로소 자기 회사에 들어갈 수 있었다는 믿지 못할 일화도 전해진다.

세상에서 유일무이한 존재가 되고 싶다면

이 세상에서 괴짜가 살아남기는 쉽지 않다. 수많은 고정관념과 불편한 시선이 괴짜를 궁지에 몰아넣는다. 공동체 안에서는 외톨이가 된다. 자유로운 사고는 놀림감이 되거나 비난의 대상이 되기 일쑤다. 괴짜들은 왜 보통 사람들과 잘 어울리지 못할까. 그들은 자꾸 편안한 현재 상태를 뒤흔들기 때문이다. 안락하고 쉬운 삶에 만족하지 않고 계속 새로운 것을 갈망한다. 현재에 만족하는 사람들에게 그들은 불편한 존재다.

다행히 괴짜들은 사람들이 뭐라고 하더라도 쉽게 좌절하지 않는다. 세상과의 불협화음에 때로 의기소침해질지라도 자신들이 하고자 마음먹은 것을 멈추지 않을 것이다. 그들이 용케 살아남아 새로운 아이디어를 던질 때 세상은 한 걸음 더 나아가게 되고, 우리는 이전과 다른 삶을 경험할 수 있게 된다. 괴짜들은 계속 세상에 질문을 던지고, 새로운 결론을 도출한다. 괴짜들이야말로 이미 만들어진 세상에 만족하지 않고 주도적으로 세상을 바꾸는 자들이다. 그런 이유로 미래 시대의 리더는 모두 괴짜들의 몫이 될 것이다.

그 누구도 대신할 수 없는 사람이 되고 싶은가. 그러면 '괴짜'가 되면 된다. 남과 다른 생각을 부끄러워하지 않고 그대로 세상에 드러내는 것이다. 남들의 시선은 크게 개의치 않아도 좋다. 타인에게 피해를 주는 일이 아니라면 무엇이든 상관없다. 남의 생각에 자신을 끼워 맞추지 말고 자신이 가진 독특함을 개발할 때, 세상에 단 하나뿐인 유일한 존재로서의 내가 될 수 있다.

내가 던진 질문이
나의 미래가 된다

아인슈타인은 삶에 있어서 가장 중요한 원칙을
'질문을 멈추지 않는 것'이라고 말했다.
비단 지식을 얻기 위한 질문만 필요한 것이 아니다.
나는 어떤 사람인가, 나는 어디로 가고 있는가,
나는 무엇을 위해 살고 있는가 등 답을 찾기 어려운 문제에 대해
포기하지 말고 끊임없이 묻고 생각해야 한다.
좋은 인생은 답이 나와 있지 않다.
끝없이 묻고 찾는 과정에서 조금씩 완성되어가는 것이 인생이다.

전 세계에 하나뿐인 미존 수업

    내가 만든 강좌 중 아직까지 세간에 오르내리는 수업이 하나 있다. 이름은 '미존 수업'이다. '미존(未存)'이란 글자 그대로 존재하지 않는 것을 말한다. 존재하지 않는 것을 대체 어떻게 연구한단 말인가? 언뜻 이해가 안 될 수도 있지만 실제 수업이 그렇다. '이 세상에 존재하지 않는 것을 논하는 것'이 수업의 전부다. 학생들은 이제까지 거론되지 않은 새로운 사물이나 개념에 대해 이야기해야 한다. 이미 존재하거나 어디서 들어봤던 것을 말해서는 좋은 성적을 받을 수 없다. 황당하고 기상천외할수록 점수가 후하다.

HOW가 아닌 WHAT을 말하라

이 수업의 아이디어는 학생들과 대화하던 중에 떠올렸다. 2014년, 몇 명의 학생들과 밥을 먹던 중 앞으로 닥칠 세상의 변화가 화젯거리에 올랐다. 우리가 지금 사는 세상에는 이전에는 생각도 못했던 것들이 존재한다. 미래에도 현재로서는 상상도 못한 것들이 존재할 것이다. 그런 게 뭐가 있을까? 이런저런 얘기가 오가던 중 아예 그런 것을 정식으로 얘기하는 수업이 있으면 좋겠다는 생각이 들었다. 내친 김에 수업 이름부터 정했다. 앞으로 오지 않은 앞날을 '미래'라고 하고, 아직 살지 않은 바둑알을 '미생'이라 말한다. 그렇다면 아직 존재하지 않는 것은 '미존(未存)'이라고 하면 어떨까? 영어로는 'Non-existing object'. 근사했다. 이듬해에 여름 특강을 시작으로 수업이 개설되었다.

이 수업의 특징 중 하나는 가르치지 않는다는 점이다. 주어진 문제를 어떻게 해결하는지(How)가 목적이 아니라 문제 자체를 찾는 것(What)이 목표이니 가르칠 게 없다. 교수가 뭔가 가르치겠다고 강의를 준비하면 이미 존재하는 것이 되어버려 수업 시간에 다룰 수가 없다. 그래서 교재도 없다. 존재하지 않는 것들에 대해 교재를 만드는 순간, '미존'이라는 정체성을 상실한다. 미존(未存)이 아니라 현존(現存)이 되기 때문이다.

나는 수업 첫 시간에 말했다.

"우리 미존 수업에는 한계가 없습니다. 혹시 있다면 오직 우리의 상상력이 한계일 수 있습니다. 만일 상상력이 제대로 발휘되지 않으면, 수업 들어올 때 폭탄주 한 잔씩 하고 오세요."

첫 시간에 예상했듯이, 학생들은 제한 없이 상상하는 것을 어려워했다. 그도 그럴 것이 어디에서도 보고 듣지 못한 것을 어떻게 떠올리겠는가. 도서관에서 책을 열심히 찾아본다고 답이 나오는 것도 아니다. 일주일 내내 학생들은 아직 세상에 없는 것을 찾기 위해 갖은 노력을 다했다. 밥을 먹다가도 이상한 생각이 떠오르면 친구들에게 불쑥 얘기를 꺼내 보기도 했단다. 책에서 찾을 수도 없고, 남에게 도움을 받기도 어렵고, 오직 자신의 상상력을 풀가동해야 하니 처음에는 학생들이 입을 모아 말했다.

"쉬울 줄 알았는데, 아무리 머리를 굴려도 떠오르지가 않습니다."

"제 머리가 이렇게 굳어 있는 줄 정말 몰랐어요."

하지만 그런 중에도, 수업에서는 다양한 이야기가 나왔다. 구름으로 광고판을 만들겠다는 아이디어는 상당히 참신했다. 전광판에 광고를 올리듯 구름을 화면 삼아 광고를 쏘아 올리면 기존 광고보다 훨씬 많은 사람이 볼 수 있을 것이다. 화성에다 집을 짓는 기술에 대해 이야기하는 학생도 있었다. 화성에는 공기도 없고 중력이 지구와 다르기 때문에 건축 기술 자체가 달라져야 한다는 것이다. 먼 미래에는 가족을 중심으로 한 출산 육아 방식에서 벗어나 공공기관에서 아이들을 대량 출산, 양육하게 될 거라는 아이디어도 나왔다.

하나같이 황당무계한 얘기들이었지만(황당할수록 박수를 받으니 당연하다), 실현 가능성에 대해선 일체 논하지 않았다. '어떻게'를 따지고 드는 순간 아이디어는 위축되고 만다. 비난도 금지였다. 상상은 상상 자체로 의미가 있기 때문이다.

미래는 마음껏 상상하는 자의 몫이다

어린 시절에 공상과학 영화에서 투명 망토를 본 적이 있을 것이다. 영화 〈해리포터〉에서 주인공 해리도 투명 망토를 지니고 다녔다. 해리와 친구들이 위험에 처했을 때 이 투명 망토는 매우 요긴하게 쓰였다. 현실 세계에서는 볼 수 없는 이 투명 망토를 머지 않은 미래에 실물로 영접할 수 있을 것 같다. 물체를 시야에서 사라지게 하는 기술이 전 세계적으로 개발 중이다.

나는 상상을 해야 새로운 미래를 창조할 수 있고, 상상을 해야 만들고자 하는 미래가 구체화된다고 생각한다. 투명 망토처럼 지금 상상하는 것들이 허무맹랑해 보일지라도 미래 어느 순간에는 당연한 것이 될 수 있다. 사실 우리가 누리고 있는 대부분의 것들은 처음에는 말도 안 되는 아이디어였다. 당대에는 미친 소리라며 비웃음을 샀던 것들이, 상상에 상상이 거듭돼 눈앞의 현실로 나타나고 있다.

　상상하는 것들은 언젠가는 현실이 된다. 자유로운 상상이 우리의 미래를 결정한다고 해도 과언이 아닌 것이다. 미존 수업을 처음 시작했을 때, 이런 수업에서 뭘 얻을 수 있겠느냐며 못마땅하게 여기는 사람이 있었을지 모른다. 하지만 나는 이 일련의 과정 자체가 의미가 있다고 생각한다. 이제껏 한 번도 해보지 않은 생각을 하려면 일상의 모든 것을 달리 봐야 하고, 이제까지 당연하게 여기던 사고의 틀을 깨야 한다. 사고의 틀을 깨는 것이 미래를 만드는 첫 걸음이다.

　미존 수업이 끝난 다음, 학생들의 후기를 전해 들으며 상당히 뿌듯했다. 대부분 처음에는 당혹스러웠지만 전체 수업을 마칠 때는 자신이 상당히 바뀌어 있다는 것을 깨달았다고 한다. 숙제를 하기 위해 억지로 눈앞에 보이는 것을 다르게 보려고 노력하다 보니 어느덧 저절로 새로운 생각이 떠오르더라는 것이다. 일주일 동안 어떻게 하면 아무도 모르는 새로운 이야기를 할 것인가 골몰하다 보니, 그동안 가졌던 고정관념들이 모두 해체되는 기분을 느꼈다고도 한다. 나뭇잎이 바람에 흔들리는 것도 다시 한 번 눈여겨보게 되었고, 텔레비전 드라마를 보면서는 주인공을 다른 사람으로 바꿔 스토리를 구상해보게 되었다고 한다.

나는 AI와 함께 공존해야 하는 미래 사회에 AI가 추월하지 못하는 인간의 능력은 바로 상상하는 능력이라고 생각한다. AI는 데이터를 통해 추론만 할 수 있을 뿐, 아주 창발적인 아이디어를 내기는 당분간 어려울 것이다(하긴 100년 200년 후에는 어떻게 될지 나도 모르겠다). 그런 의미에서 각자 지금 존재하지 않는 것에 대해 생각해보는 시간을 갖기를 권한다. 미래 사회에 반드시 있으면 좋을 것, 말도 안 되는 것 같지만 정말 그렇게 된다면 좋을 성싶은 일들에 대해 생각해보는 것이다. 어쩌면 그 상상의 세계 안에 우리 각자의 미래상도 숨겨져 있을지 모른다.

우리의 인생은
질문을 통해 완성된다

나는 질문하는 학생들을 좋아한다. 그 어떤 질문이든 환영이다. 수업 시간에 남들이 보기에 다소 바보스러운 질문을 해도 절대 나무라지 않는다. 질문을 떠올리는 과정 자체가 상당한 의미를 지니기 때문이다. 질문은 고정관념에서 벗어나 새로운 생각을 하게 해준다.

인간의 뇌는 멈춰 있다가도 질문을 받으면 그에 따라 생각이 이동한다. 기존의 정지된 상태에서 벗어나 새로운 것을 보기 시작하는 것이다. 생각이 이동했기에 이전에는 보이지 않던 것이 보인다.

구름으로 광고 전광판을 만든다면?

앞서 이야기한 미존 수업의 핵심도 다름 아닌 질문이다. 학생들은 수업을 수강하는 내내 머릿속에 물음표를 달고 다녀야한다. 상상력을 촉발하는 가장 강력한 무기가 질문이기 때문이다. 다음 수업이 시작될 때까지는 끊임없이 자문한다. '과연이 세상에 존재하지 않는 게 무엇일까?' '어딘가에 이미 있지않을까?'

수업 전까지 스스로에게 질문하다가 수업이 시작되면, 내가아닌 동료들에게 질문을 던져야 한다. 누군가 '미존'을 발표하면 다른 학생들은 발표자에게 궁금한 점을 묻는다. 이때도 룰이 있다. 질문만 가능할 뿐 어떤 비판도 하지 않아야 한다는것. 실현 가능성을 타진하더라도, 안 될 가능성을 얘기하기보다 어떻게 하면 구현할 수 있을지를 '질문'한다. 이때 나온 질문의 답은 발표자뿐 아니라 모두가 함께 구한다. 이른바 집단지성이 발현되는 순간이다.

구름으로 전광판을 만들어 광고를 해보겠다는 의견이 나왔을 때, 먼 거리에서 어떻게 광고 영상을 쏘아 올릴까, 인공 구름을 만들 수는 없을까, 그러려면 어떤 기술이 필요할까 등 아이디어를 구체화할 수 있는 질문들만이 오갔다. 공동 출산으로 아이들이 태어나게 될 것이라는 아이디어도 마찬가지다. 혈연이 아닌 집단에서 아이를 낳아 기를 경우 가족의 정의는 어떻게 바뀌어야 할까 등 그에 수반된 현상들을 구체적으로 생각해볼 수 있는 질문이 나왔다.

성급하고 부정적인 결론은 생각의 문을 닫아버리지만, 열린 질문은 현실에 갇힌 생각을 일상 밖으로 이동시킨다. 생각이 질문의 방향으로 확산되는 것이다. 생각이 확산된다는 건 우리의 사고 체계가 현실을 떠난다는 말이기도 하다. 생각이 현실을 떠나면 나의 영혼은 자유롭게 유영할 수 있게 된다. 자유를 찾은 영혼은 제약 없이 상상을 한다. 곧 질문이 나를 현실 고착에서 벗어나게 해주는 것이다.

세상에 나쁜 질문이란 없다

총장 취임식에서 나는 카이스트의 청사진에 대해 발표하며 총장상으로 '질문왕 상'을 만들겠다고 선언했다. 시험을 볼 때 문제만 푸는 게 아니라 일부 문항을 학생 스스로 만들게 해서 가장 좋은 문제를 낸 사람에게 상을 주자고 했다. 시험 시간에 답을 쓰는 게 아니라 문제를 만드는 거라면 공부를 좀 덜 해도 되지 않을까 싶겠지만 전혀 그렇지 않다. 문제를 제대로 만들려면 해당 개념을 훨씬 더 총체적이고 구체적으로 파악하고 있어야 한다. 본질을 꿰뚫는 질문을 만들 수 있다면 이미 답은 찾은 것이나 다름없다. 아인슈타인은 이렇게 말했다. "만일 내게 문제를 해결할 시간이 1시간 주어진다면, 어떤 질문을 제기하는 게 적합한지 판단하는 데 55분을 쓸 것이다. 적절한 질문을 알면 문제 해결엔 5분도 걸리지 않을 테니 말이다."

하지만 아직 우리 사회는 자유롭게 질문하는 분위기가 형성되어 있지 않은 듯하다. 수업 시간만 봐도 그렇다. 물론 거침없이 질문을 던지는 학생도 많다. 그들은 궁금한 것이 풀릴 때까지 질문을 던진다. 하지만 시키지 않는 한 입을 떼지 않는 학생도 적지 않다. 궁금한 것이 없는지 물어보면 말하긴 하지만, 먼저 묻지는 않는다. 그런 학생들에게도 질문의 기회를 주기 위해 나는 수업 시간에 질문하는 학생들에게 무조건 가산점을 주곤 했다. 어떤 질문이든 상관하지 않았다.

그러다 보니 황당한 일도 많았다. 심지어 방금 전에 어떤 학생이 한 말을 다시 질문하는 경우도 있었다. 딴 생각을 하느라 수업에 집중하지 않았던 것이다. 내가 뭐라고 하기 전에 다른 학생들이 먼저 피식 웃으며 반응했다. 그래도 나는 핀잔 한 마디 건네지 않았다. 만일 그럴 때 한소리 했더라면 아마 그 학생은 한동안 편하게 질문하지 못했을 것이다.

나는 질문도 습관이라 생각한다. 처음 운을 떼기가 힘들지 몇 번 하다 보면 그리 어려운 일이 아니다. 대부분의 사람들이 질문하기를 망설이는 이유는 좋은 질문을 해야 한다는 강박 때문이다. 내 질문이 과연 좋은 질문인지 바보스러운 질문인지 스스로 재단한다. 내 부족함이 들킬지 모른다는 생각이 더해지면 아예 입을 다물게 된다. 하지만 나쁜 질문은 없다. 아니, 무엇이든 질문은 질문 자체로 좋은 것이다.

노벨과학상 수상자 중 약 20퍼센트가 유대인이라고 한다. 지구상에 1,500만 명의 유대인이 살고 있으니 전체 인구 중 유대인의 비율은 0.22퍼센트 정도 되는 셈이다. 이 소수 민족이 어떻게 그 많은 노벨상을 차지할 수 있었을까.

역시 해답은 질문에 있다. 유대인 교육의 본질은 질문하고 토론하는 하브루타 교육이다. 유대인 엄마는 아이가 학교에서 돌아오면 한국 엄마처럼 "오늘은 무엇을 배웠니?" "선생님 말씀은 잘 들었니?"라고 묻지 않는다. "오늘은 무슨 질문을 했니?"라고 묻는다. 어릴 때부터 길들여온 질문하는 습관이 그들로 하여금 무에서 유를 창조하는 창의력을 갖춘 인재로 성장하게 하는 것이다.

카이스트에서 몇 해 전 '궁극의 질문 공모전'을 개최했다. 세상을 바꿀 수도 있는 궁극의 질문들을 찾아보자는 취지였다. 전기를 사용하지 않는 컴퓨터가 가능할까, 영원한 기록을 남길 수 있는 방법은 무엇일까, 영구적인 저장 매체는 존재할까, 빨지 않아도 되는 옷을 만들 수 있을까 등 700여 개의 다양한 질문이 나왔다. 얼핏 황당해 보이기도 하고 정말 실현 가능할지 의문이 드는 이 질문들이 결국 새로운 미래를 만드는 단초가 되지 않을까 싶다. 답보다 문제를 찾는 데 주력했던 아인슈타인 역시 끊임없이 질문을 던지는 사람이었다. 그는 삶에 있어서 가장 중요한 원칙을 '질문을 멈추지 않는 것'이라고 말했다.

비단 지식을 얻기 위한 질문만이 아니다. 나는 어떤 사람인가, 나는 어디로 가고 있는가, 나는 무엇을 위해 살고 있는가 등의 질문을 통해 우리는 앞으로 나아갈 수 있는 동인과 현재 상황을 바꿀 수 있는 단초를 얻는다.

열 살 아이의 눈으로
세상을 바라보자

2010년 9월, G20 서울정상회의에 참석한 버락 오바마 전 미국 대통령은 폐막 연설 후 열린 기자회견에서 한국 기자들에게 질문할 기회를 주었다. 개최국에 대한 감사의 표시였다. 하지만 아무도 손을 들지 않았고 잠시 후 중국 기자가 "아시아를 대표해서 내가 질문하겠다"며 나섰다.

오바마 대통령은 난처해하며 이 기회는 한국 기자들에게 준 것이니 그럴 수 없다고 했으나, 질문하려는 한국 기자가 아무도 없었기 때문에 결국 중국 기자에게 기회가 넘어갔다. 질문에 익숙하지 않은 한국 사회의 민낯을 그대로 보여준 민망한 일화다.

가끔 세상을 거꾸로 보자

질문은 호기심에서부터 비롯된다. 아이들이 질문이 많은 건 주변이 온통 궁금한 것투성이라서다. 아이는 주변에서 벌어지는 일들이 과연 무엇을 의미하는지 이해하기 위해 끊임없이 질문을 던진다. 하지만 자라면서 억지로 지식을 머리에 구겨 넣으면 호기심의 싹은 일찍 잘려 나간다. 궁금한 것이 생기기도 전에 배워라, 외워라 강요하면 아예 입을 다물어 버린다.

자라는 동안 잃어버린 호기심을 되찾으려면 어떻게 해야 할까. 호기심은 무(無)에서 생겨나지 않는다. 아주 작은 단서라도 있어야 한다. 조금이라도 아는 것이 있어야 더 알고 싶은 마음이 생기는 법이다. 그런 까닭에 책을 많이 보거나 여행을 많이 한 사람, 다양한 방면의 많은 경험을 가진 사람이 호기심도 크다.

그렇다고 새로운 경험들이 꼭 호기심으로 연결되는 건 아니다. 유명한 유적지 앞에서 카메라 셔터만 누르고, 익숙한 호텔 체인에서 잠을 자고, 세계 어디서나 균일한 맛을 보이는 글로벌푸드로 배를 채우는 여행을 한다면 호기심은 생겨나기 어려울 것이다.

때때로 열 살 아이의 마음으로 되돌아가는 연습을 해보면 어떨까. 어린아이에게는 정해진 것이 없다. 모든 것이 열려 있다.

지식보다 더 중요한 건 상상력이다.
현실에서 늘 새로운 상상을 하면서
머릿속에 세세한 그림을 그려가면 그 모습이 언젠가 현실이 된다.
이것이 바로 끊임없이 나 자신과 세상에 질문을 던져야 하는 이유다.

사물을 거꾸로 볼 수도 있다. 위아래를 뒤집으면 어떻게 보일까? 순서를 바꾸면 어떻게 될까? 중간에 어느 것 하나를 빼면 어떻게 될까? 모든 것이 궁금해진다. 잠시 잊었을 뿐, 우리에게는 이런 어린아이의 열린 눈이 있다.

굳은 뇌에 호기심의 불씨를 놓는 법

호기심이 생기면 이를 충족시키기 위해 꼬리에 꼬리를 물고 다양한 생각을 하게 마련이다. 참신한 아이디어는 바로 이 과정에서 나온다. 이것이 바로 창의력을 기르는 기본 원칙이다. 하지만 이미 뇌가 굳은 상태라면 이마저도 쉽지 않다. 그런 사람들을 위해 나는 일상에서 창의력을 기르는 방법을 고안했다. 나는 이 방법을 '창의력 왼손 법칙'이라고 이름 붙였다. '플래밍 왼손 법칙'을 응용한 것이다.

방법은 매우 간단하다. 왼손을 들고 새끼손가락과 약지를 접은 채로 엄지, 검지, 중지를 쫙 펴보자. 그런 다음 엄지는 '분야 축', 검지는 '공간 축', 중지는 '시간 축'으로 가정하자. 시간, 공간, 분야라는 세 축을 중심으로 생각을 이리저리 이동해보는 것이다.

이 세 축을 기준으로 생각을 이동시키면, 굳이 새로운 것을 접하지 않더라도 앉은 자리에서 전혀 다른 발상을 떠올릴 수 있다. 일상에서 매일 접하는 흔한 물건이라도 시간과 공간, 분야를 달리해 상상해보면 다른 모습으로 변한다는 것을 알게 된다.

먼저 시간 축을 기준으로 생각을 움직여 보자. 시간을 기준으로 생각을 이동시키면 10년 후, 20년 후를 상상할 수 있다. 오래 전부터 나는 수년 후를 생각하는 습관이 있었다. 요즘에는 10년 후 달력을 만들어 사용한다. 올해는 2022년과 2032년 달력을 동시에 사용하고 있다. 내가 가진 물건, 나의 일, 가치관 등을 미래 어딘가에 가져다 놓고 생각하면 정의 자체가 전혀 다르게 내려진다.

이제 공간 축을 기준으로 생각을 움직여 보자. 내 관심 분야를 한국이 아닌 사우디아라비아, 중국, 미국으로 가져가 보는 것이다. 내가 가진 정보와 지식이 다른 곳에서는 어떤 역할을 할까? 가벼운 질문으로 시작해 나의 일상을 지구 반대편 어딘가로 옮겨놓아 보는 것이다. 지금 내게 별반 쓸모없는 것들이 지구 어딘가에서는 굉장히 유용하게 쓰일지 모를 일이다.

마지막으로 생각을 분야 축을 기준으로 움직여 보자. 현대 사회가 복잡해지면서 사람들은 특정 분야에만 집중하다 보니 다른 분야에서 일어나는 일에 관심을 보이지 않는다. 지금 내가 하고 있는 일이 다른 분야에서 적용된다고 상상하면, 뜻밖에 새로운 아이디어를 얻을 수 있다. 각 분야의 융합이 이렇게 이루어지는 것이다.

쉬운 예로 스마트폰을 생각해보자. 먼저 시간 축 이동이다. 내 몸의 일부인 양 한시도 떼놓지 못하는 이 스마트폰이 미래에는 어떤 형태를 띠게 될까? 지금처럼 손에 들고 다닐까? 몸에 착용하는 형태가 되지 않을까? 그렇다면 크기가 작아지지 않을까? 스마트워치처럼 스마트폰의 기능이 삽입되어 눈알을 약간만 돌리면 필요한 정보를 찾을 수 있는 스마트렌즈가 나오지 않을까?

이제 공간을 이동해보자. 중국에서는 어떤 기능이 제일 중요할까? 이슬람 문화권에서는 어떤 스마트폰이 필요할까? 이슬람인들은 펑퍼짐히 큰 옷을 입는다. 주머니가 크니 스마트폰도 큰 걸 선호하지 않을까? 하지만 휴대용이라면 가벼워야 하니, 가벼운 스마트폰을 만들려면 어떤 소재가 좋을까?

이제 마지막으로 분야다. 휴대폰이 전화기가 아니라 다섯 살 어린이 장난감이라면 어떻게 만들어야 할까? 아이가 쓰는 장난감이라면 지금처럼 직사각형 모양보다 더 다양한 형태로 아이의 흥미를 끌 수 있을 것이다. 원형이 좋을지, 세모가 좋을지, 여러 가지 아이디어가 떠오른다.

간단하지만 창의력 왼손 법칙으로 생각을 거듭하면 머릿속에 다양한 질문거리가 떠오른다. 평소 해보지 않은 질문들을 여러 가지 각도에서 던져봄으로써 굳은 뇌에 기름칠을 할 수 있다. 질문하는 게 어렵다고 하지만 결국 질문도 습관이다. 자꾸 반복하면 습관이 된다. 뇌 속에 질문하는 뇌세포 회로가 형성되는 것이다. 앞서 말했듯이 뇌의 회로는 끊임없이 변한다. 의지만 있다면 얼마든지 호기심 가득한 창의적인 뇌를 만들 수 있다.

꿈의 크기가
곧 인생의 크기다

명확한 꿈을 세운 사람은
가장 고된 길에서도 앞으로 나아가지만,
아무 꿈이 없는 사람은
가장 순탄한 길에서조차 포기하고 돌아서는 법이다.
내 꿈에 대해 누군가 왈가왈부해도 신경 쓰지 말자.
꿈에 관한 한 지나치게 다른 사람의 목소리에
귀 기울이지 않는 편이 낫다.
내 인생을 이끌어 갈 지도를 다른 사람에게
그려달라고 할 수는 없지 않은가.

꿈의 중요성을 확인시켜준
카이스트 제자들

"'꿈'이라 쓰고 '취업'이라 읽는다."

어느 신문 기사의 헤드라인이다. 막 사회생활을 시작하는 사람들에게 꿈이 무엇이냐고 물었을 때 겨우 들을 수 있는 대답이 "취업하는 것" 정도라니, '꿈'이라는 말은 조만간 사전에서나 볼 수 있는 사어(死語)가 될지도 모르겠다.

하지만 취업은 하나의 과정일 뿐 꿈이 될 수 없다. 취업이 꿈이 되려면 최소한 "○○에 입사한 다음 20년 뒤에는 ○○○를 이루겠어" 정도는 되어야 한다. 나중에 현실적인 장벽을 만나 이를 이루는 것이 불가능하게 느껴지더라도 말이다.

꿈을 갖는 건 지극히 현실적인 전략이다. 꿈이 바로 인생의 지도가 되고 각박한 현실을 헤쳐 나갈 무기가 되어주기 때문이다. 그래서 나는 후배 교수들에게도 종종 이렇게 말한다.

"모든 교육의 가장 중요한 역할은 학생 스스로 '꿈을 갖게 하는 것'이다. 젊은 영혼에 불을 지르면 그것으로 선생의 역할은 끝이 난다. 억지로 가르치지 않아도 스스로 찾아 배운다. 꿈이 그렇게 만드는 것이다."

재능의 격차보다 무서운 건 꿈의 격차

수업할 때 나는 주로 토론 형식으로 진행했는데, 어떤 흥미 있는 질문을 만나면 그날 수업과 상관없이 토론을 이어가곤 했다. 덕분에 진도가 늦어지기도 했지만 그건 큰 문제가 아니었다. 소위 '꽂히는' 걸 찾으면 학생들 스스로 알아서 공부하기 때문이다.

사실 좋아하는 것만 파고드는 학생들을 보면 좋으면서도 마음이 마냥 편하지만은 않았다. 학과 공부에 충실하지 않은 학생들을 대하거나, 주변에서 내 교육 방식에 대해 걱정 어린 소리를 하면 과연 내가 잘하는 일인가 싶었다. 그럼에도 내가 그런 교육 방식을 유지할 수 있었던 건, 제자들에게서 '하고 싶은 일'이 어떻게 사람을 움직이는지를 직접 눈으로 확인할 수 있었기 때문이다.

당시 내 연구실에는 공부는 뒷전인 채 해킹에 빠진 학생이 있었다. 해킹 실력은 최고였지만 학과 공부에는 관심이 없어, 수없이 F학점을 맞았다. 싫어하는 과목은 시험 전날에도 책 한 번 들춰보지 않은 덕에 학사 경고가 누적되었고, 학부 졸업을 코앞에 두고 제적 위기에 처했다. 학과 공부에 불성실한 걸 두둔할 수는 없지만, 공부 대신 좋아하는 일에 무섭게 몰입하는 걸 지켜봤기에 어떻게든 졸업은 시켜야겠다고 생각했다. 다행히 학생들과 함께 제출한 탄원서 덕분에 제적은 막을 수 있었다.

그가 바로 당시 국내 최고 보안 서비스 업체였던 인젠과 해커스랩의 창립 멤버 김창범이다. 그가 활동한 해커스랩은 당시만 해도 낮았던 정보 보안의 중요성을 알리는 데 중요한 역할을 했다. 학부를 무사히 마친 그는 박사학위까지 받은 뒤 현재 산업용 프린터를 생산하는 회사를 이끌고 있다. 신용카드에 글자를 인쇄하는 기계가 바로 그의 작품이다.

디지털 보안장비 개발업체 아이디스를 설립한 김영달은 하드웨어와 소프트웨어에 모두 관심이 많은 학생이었다. 전산학과를 다니면서 전자공학에도 흥미를 보이는 모범생이었는데,

그 역시 관심이 있는 분야에는 악착같이 파고드는 근성을 보였다. 자기가 배운 게 어떻게 쓰이는지 알고 싶다며 학부 3학년 때 대덕연구단지의 전자통신연구원을 찾아가 아르바이트를 하기도 했다. 인턴이라는 개념도 없던 시절 졸업한 선배에게 부탁해 현장 경험을 쌓은 것이다. 박사과정에 들어섰을 무렵 그는 하드웨어와 소프트웨어를 동시에 다루는 흔치 않은 인재가 되어 있었다. 서너 건의 프로젝트를 수행해 당시 1억 원의 수입을 창출했고, 이를 종잣돈 삼아 대학원 동료들과 함께 아이디스를 창업했다. 그간의 모든 경험을 토대로 아날로그 영상을 디지털화하는 데 성공한 그는 아이디스를 세계 3대 CCTV 영상 처리 회사로 성장시켰다.

원하는 삶을 살고 싶다면

당시 함께한 많은 제자가 지금까지 내게 감사하다는 말을 전하곤 한다. 하지만 사실 오히려 감사한 쪽은 나다. 그저 관심을 보이는 일에 좀 더 매진하도록 슬쩍 등만 밀어줬을 뿐인데, 날을 거듭할수록 감탄사가 절로 나올 만큼 놀랍게 성장하는 모습을 보여줬으니 말이다. 제 스스로 길을 찾아가는 그들을 보며 꿈이 인생에 있어 얼마나 중요한지, 한 인간을 얼마만큼 무한히 자라게 하는지 직접 확인할 수 있었다.

당시의 깨달음은 내 두 자녀를 키우는 데도 적지 않은 영향을 주었다. 두 아이를 키우는 동안 아버지로서 큰 역할을 하지는 못했지만, 다만 하나 잘한 것이 있다면 아이들이 하고 싶어 하는 일에 단 한 번도 반대하지 않았다는 것이다. 이제 가정을 이룬 두 아이는 가끔 이런 말을 한다. 간섭하지 않고 믿어준 것이 가장 큰 힘이 되었다고 말이다.

그래서 나는 아이 때문에 고민하는 젊은 부모들을 만날 때 이런 말을 한다. 무엇이 되었든 아이가 좋아하는 일이라면 섣불리 막지 말라고. 정말 하고 싶은 일이 생기면 알아서 자기 길을 찾아갈 것이 분명하다고.

나는 교육의 목적은 학생들이 꿈을 찾을 수 있도록 도와주는 것이라고 생각한다. 그리고 꿈을 찾은 학생에게는 방해하지 않는 것이 최선의 교육이라 생각한다. 지금도 학생들에게 "정말 하고 싶은 일을 찾았다면, 지금 당장 휴학을 하고 그 일을 시작해도 좋다"고 말한다. 이런 학생들은 스스로 공부해 나갈 것이니 걱정할 것이 없다. 진정 걱정해야 할 대상은 무엇을 해야 할지 모르는 학생이다.

명확한 꿈을 세운 사람은 가장 고된 길에서도 앞으로 나아가지만, 아무 꿈이 없는 사람은 가장 순탄한 길에서조차 포기하고 돌아서는 법이다. 그러니 내 꿈에 대해 누군가 왈가왈부하는 말에 신경 쓰지 않아도 된다. 꿈에 관한 한, 지나치게 다른 사람의 목소리에 귀 기울이지 않는 편이 낫다는 생각이다. 내 인생을 이끌어줄 지도를 다른 사람에게 그려달라고 할 수는 없지 않은가.

꿈을 갖는 건 낭만이 아니라,
지극히 현실적인 전략이다.
꿈이 바로 인생의 지도가 되고,
각박한 현실을 헤쳐나갈 무기가 되어주기 때문이다.

하고 싶은 게 없다고
말하는 사람들에게

"나는 하고 싶은 게 없어요."

"내가 원하는 게 뭔지 잘 모르겠어요."

꿈에 관해 논할 때 청년들에게 자주 듣는 말이다. 당연하다. 과도한 입시 경쟁 때문에 자기가 뭘 좋아하는지 생각해볼 겨를 없이 성년을 맞았는데, 어떻게 꿈을 논하겠는가. 국어, 영어, 수학만 잘하면 부모에게도 별 걱정을 듣지 않았으니, 뒤늦게 사회에 나와 때아닌 사춘기를 겪는 경우도 상당수다. 자신만의 확고한 꿈이 있다면 정말 기특하고 다행스러운 일이지만 안타깝게도 딱히 하고 싶은 일이 없다면 꿈을 찾기 위해 어느 정도 노력을 기울여야 한다. 꿈은 앉아서 고민만 한다고 찾아지지 않는다.

　확고한 꿈을 갖고 의욕적으로 살아가는 사람들을 보면 한 가지 공통점이 있다. 놀랄 만큼 다양한 경험을 해왔다는 것이다. 어떤 이유든 그들의 과거를 보면 자신에 대해 끝없이 성찰하는 동시에 생각을 행동으로 옮기는 적극성을 찾을 수 있다. 지금 당장 해야만 하는 일로 생계를 유지하면서도, 결코 자신에게 주어진 기회를 놓치지 않았다. 생각과 동시에 발로 뛰고 몸으로 체험하는 시간을 가져온 것이다.

실리콘밸리에서 꿈을 찾은 학생들

　카이스트에 부임한 지 10년쯤 지난 1995년, 미국 스탠퍼드 연구소에 초빙교수로 가게 되었다. 대한민국이라는 울타리를 벗어나 밖에서 만난 세상은 완전히 뒤집혀 있었다. 작게 출발한 수많은 스타트업들이 기술력을 기반으로 세계적인 벤처기업으로 거듭나는 현장을 두 눈으로 목격했다. 창업이란 기본적으로 자금이 있어야만 가능한 일이라고 여기던 내 생각이 그곳에서 완전히 깨졌다. 아이디어만으로 회사를 차릴 수 있는 다양한 방법들이 있었고, 그들을 지켜보며 '이렇게 회사를 만들 수도 있구나' 하는 깨달음을 얻었다.

그때 한국에 있는 학생들이 생각났다. 이 현장을 학생들이 본다면 얼마나 좋을까? 나는 실리콘밸리에 있는 회사 몇 군데를 돌며 관계자들을 설득해 연구 프로젝트를 받았다. 그 연구비로 한국에 있는 제자들을 불러들였다. 똑똑한 한국 학생들을 직접 겪은 미국 회사들은 학생들이 더 오래 머물게 해달라고 요청해왔다. 하지만 나는 이런 흔치 않은 경험을 더 많은 학생이 누리게 하고 싶어 6개월마다 다른 학생을 불렀다.

사실 당시만 하더라도 학생의 본분은 열심히 공부해서 좋은 성적을 받는 것이 전부였다. 학생들 역시 논문을 써서 교수가 되기를 희망하거나 연구원 자격으로 기업에 취업하려는 이가 많았다. 그랬던 학생들이 바다 건너 펼쳐진 세상을 보고 눈빛이 달라지기 시작했다. 학자의 길을 걷거나 좋은 직장에 취업하는 것을 목표로 하던 학생에게 실리콘밸리에서의 경험은 또 다른 꿈을 꾸게 만들었다. 교과서 안에만 머물던 지식을 어떻게 우리 생활에 적용할지, 그것을 어떻게 사업화할지에 대한 구체적인 그림을 그리기 시작한 것이다.

당시 실리콘밸리 파견 연수를 거친 학생은 모두 일곱 명이다. 그들 모두 새로운 세상을 경험하고 인생의 획기적인 전환점을 맞이했다. 1년도 안 되는 그 짧은 경험이 그들 인생 전체를 통한 경험을 뒤엎고, 보다 강한 꿈을 갖게 만든 것이다.

그들을 지켜보면서 《어린왕자》를 쓴 생텍쥐페리의 말을 떠올렸다. "배를 만들게 하고 싶다면, 배 만드는 법을 가르치지 말고 대양을 보여주어라."

결국 나는 카이스트가 실리콘밸리에 캠퍼스를 만들어야 한다고 생각하게 되었다. 그 꿈은 지금도 나를 이끌고 있다.

숙제처럼 풀지 말고, 보물처럼 찾아야

아쉽게도 1998년 외환위기 사태가 터지면서 이 프로젝트는 중단되었다. 지금 생각해도 대단히 아쉽다. 만일 외환위기가 없었다면 더 많은 학생이 실리콘밸리를 직접 경험하고 새로운 꿈을 찾지 않았을까 싶다.

몇 개월의 연수를 마친 학생들은 한국에 돌아와서도 틈만 나면 모여서 세미나를 했다. 한 학생이 의견을 내면 다른 학생들이 거기에 조언을 덧붙이며 아이디어를 구체화시키는 식이었다. 학생들은 모두 열정적이었지만 논문을 쓰기 위한 세미나가 아니었으니 학교에서 반길 리 없었다. 하지만 금기된 것이 더 매력적인 법. 학생들은 수면 아래에서 조용히 움직였다. 어떤 소프트웨어를 개발하는 데 본인들의 힘만으로 부족하다 생각되면 다른 랩에 있는 친구들까지 몰래 포섭하는 열정을 보였다. 행여 다른 지도교수에게 들킬까 봐 목소리를 낮추고 바지런히 움직이는 모습이 흡사 독립운동을 하는 투사처럼 보이기도 했다.

그런 모습을 곁에서 지켜본 나는 더 적극적으로 학생들을 학교 밖으로 끌어냈다. 탐방할 만한 기업을 수소문해 학생들을 데리고 다니기도 했다. 최대한 많은 것을 보고 그 안에서 꿈을 찾아가길 바랐기 때문이다.

내 인생에 지대한 영향을 준 정문술 전 미래산업 회장을 만난 것도 그 즈음이다. 신문에서 회사를 자식에게 물려주지 않겠다고 선언하고 정도경영을 실천하는 정문술 회장의 기사를 봤다. 어떤 분인지 궁금했던 나는 전화 연락을 하고 회사에 찾아갔다. 학생들도 함께였다. 이왕 가는 길이니, 학생들에게도 산업 현장을 보여주고 싶었다.

막상 가서 보니 기술 연구가 부족해 회사가 어려움을 겪고 있었다. 그길로 나와 제자들은 그때부터 아무 대가 없이 미래산업에 필요한 기술 개발에 동참했고, 이에 감동한 정문술 회장은 훗날 내게 300억 원이라는 거금을 주면서 바이오및뇌공학과를 만들게 해주었다. 학생들에게 더 넓은 세상을 보여주고 싶은 마음, 그리고 지금까지 나라 덕에 공부한 것에 대해 보은하는 마음으로 시작한 일이었는데, 뜻밖에 그 일이 생면부지였던 기업가의 마음을 움직인 것이다.

지금도 가끔 생각한다. 만일 그때 내 제자들이 학교 밖 세상을 경험하지 않았더라면 어떻게 되었을까? 아마 대다수는 학자로 남아 연구를 계속하거나 관련 분야의 기업에 취업했을 것이다. 물론 옳고 그름의 기준으로 판단할 문제는 아니다. 벤처사업가의 삶이 학자나 직장인의 삶보다 우위에 있다는 뜻은 더더욱 아니다. 다만, 인생의 향방을 결정할 때 자신이 진정 무엇을 좋아하는지, 무엇이 평생을 바쳐 하고 싶은 일인지 최선을 다해 찾고 주도적으로 선택해야 한다는 것이다.

하지만 꿈을 찾는 일을 풀어야 할 과제처럼 생각하지는 말았으면 한다. 미지의 보물섬을 탐험하듯 즐겁고 설레는 마음으로 꿈을 찾아보자. 아직 발견되지 못한 꿈이 우리를 기다리고 있다는 걸 기억하면서.

타고난 밥그릇도
꿈에 따라 달라진다

'자기 먹을 밥그릇은 타고난다'는 속담이 있다. 나는 여기에 조금 더 보태, '타고난 밥그릇도 꿈에 따라 달라진다'고 말하고 싶다. 꿈의 크기가 곧 인생의 크기라는 뜻이다. 혹자는 실현 가능성을 타진해 작은 꿈부터 단계를 밟아 이뤄가라고 말하지만, 오히려 나는 반대다. 될지 안 될지 생각하기 전에 최대한 큰 꿈을 세워야 한다. 큰 꿈을 찾기를 미리부터 포기하는 건, 자신 안의 잠재력을 믿지 못해서다. 못한다고 믿으니 아예 생각조차 하지 않는 것이다.

물론 당장 생계를 꾸리기도 막막한 젊은이들에게 큰 꿈을 가지라는 말이 공허한 설교처럼 들릴지 모른다. 하지만 인생은 한 번뿐이고 우리에게 주어진 시간은 유한하다. 그리고 시간은 생각보다 빠르게 지나간다. 이렇게 아까운 시간을 적당한 꿈을 갖고 적당히 일하며 적당히 즐기면서 보낸다면, 과연 후회하지 않을 자신이 있는가.

이렇게 말하는 나도 지난날 당면한 문제에 급급해하며 시간을 보낼 때가 많았다. 하지만 그럴수록 호흡을 가다듬고 잠시 잊었던 꿈을 다시 각인하곤 했다. 그런데, 당시 내가 가진 그 꿈들은 정말 현실적으로 불가능해 보이는 것들이었다. 누구와 대화하더라도 대부분 고개를 저었다. 그러나 포기하지만 않는다면 결국 그 꿈이 나를 움직여 현실에 구현된다는 것을 최근에 깨달았다.

25년 전의 꿈, '실리콘밸리에 카이스트 분교를 세운다면'

작년 초겨울, 나는 뉴욕과 실리콘밸리에 캠퍼스를 세우고, 두 캠퍼스에 창업지원센터를 설립하겠다는 계획을 밝혔다.

"한국은 세계 10위권 나라이고 이미 분야별로 정상급 플레이어가 있는데, 대학만 그렇지 않다. 세계 중심지인 뉴욕, 스타트업의 중심지인 실리콘밸리에 캠퍼스 설립 계획을 세운 이유다. 특히 창업지원센터에 입주하면 싼 입주비로 기술 지도를 받으며 사업 노하우를 배우는 기회를 얻을 것이다."

국내 대학으로는 최초인 해외 캠퍼스 설립을 두고 한동안 세간이 떠들썩했다. 취임한 지 1년도 채 지나지 않아서 어떻게 그런 대규모 사업을 추진할 수 있었는지 묻는 이도 많았다.

그러나 사실 이 일은 총장이 되어서 생각한 일이 아니다. 무려 25년 전부터 바랐던 꿈이다. 1995년 미국 스탠퍼드연구소 초빙교수로 있을 때, 학생들에게 실리콘밸리를 보여주었더니, 생각이 바뀌는 것을 목격했다. 그 모습을 보고 창업의 본고장 실리콘밸리에 카이스트 캠퍼스가 있으면 어떨까 하는 생각이 들었다. 당시 중국인들은 이미 실리콘밸리에 작은 학교를 세워 자국 학생들을 가르치고 있었다.

학교 측에 제안 내용을 담은 장문의 편지를 썼다. 하지만 아무 회답이 없었다. 이번엔 스스로 제안서를 작성해 기부자를 찾았다. 실리콘밸리에서 성공한 한국인 기업가를 찾아가 제안서를 전했고, 그가 한국을 방문했을 때 학교 측과 만남을 주선했다. 그러나 더 이상의 진전은 없었다. 그로부터 또 수년 후, 이번에는 정부 관계자를 만나 카이스트 실리콘밸리 캠퍼스 구상을 전했다. 미국 방문단까지 구성되었지만 이번에도 더 이상 논의가 없었다. 그러나 실리콘밸리 캠퍼스 제안서는 책꽂이에 잘 보이는 곳에 고이 모셔두었다.

그로부터 25년이 지난 지금, '카이스트 뉴욕 캠퍼스'가 추진되고 있다. 도저히 불가능할 것만 같았던 꿈이 현실로 성큼 다가선 것이다. 이제 겨우 첫발을 뗐지만, 뉴욕에서 카이스트 뉴욕 캠퍼스 설립 MOU를 체결했다. 몇 년 후 카이스트 뉴욕 캠퍼스가 세워지면 학생들은 현지인들과 공동으로 연구할 수 있는 건 물론 글로벌 시장에서 창업할 기회도 얻게 될 것이다.

25년 전에 미국에 캠퍼스를 만들고 싶다는 꿈을 갖지 않았더라면, 그리고 지금까지 그 꿈을 간직하지 않았더라면 결코 맞지 못했을 현실이다.

된다고 믿으면 이미 된 것이다

큰 꿈을 가져야 하는 건, 내가 가진 꿈의 크기만큼 인생이 전혀 다른 모습으로 나아가기 때문이다. 이왕 여행할 거라면 동네 지도를 갖고 나서는 것보다 세계 지도를 갖고 나서는 것이 훨씬 더 흥미롭지 않겠는가.

꿈은 우리를 노력하게 하고, 우리를 채찍질하며, 스스로 길을 찾게 만든다. 높게 있는 꿈은 결국 우리로 하여금 그 높은 곳에 이르도록 이끈다.

피겨스케이팅 김연아 선수는 처음부터 올림픽 금메달을 따겠다는 꿈을 가졌다. 제대로 된 전용 링크도 없어 놀이공원 아이스링크에서 손님이 없는 늦은 밤에 얼음판을 굴러야 했지만, 올림픽이라는 큰 꿈이 고된 훈련을 감동스러운 과정으로 느끼게 해주었다.

최근 카이스트 문화기술대학원 초빙석학교수로 임명된 성악가 조수미는 세계적인 프리마돈나를 꿈꾸며 이탈리아로 유학을 떠났다. 동양인에 대한 편견을 오로지 실력으로 압도하며 오페라의 본고장에서 동양인 최초로 주연을 맡았는데, 얼마나 연습을 했던지 첫 무대가 전혀 떨리지 않았다고 한다. 그는 세계적인 프리마돈나라는 꿈을 지키기 위해 지금도 끊임없이 노력을 기울이고 있다. 지키고 싶은 꿈이 그녀를 그토록 강하게 만든 것이다.

큰 꿈은 주변 사람들의 마음을 움직여 응원을 불러일으키기도 한다. 나의 꿈이 사사로운 이익보다 대의에 입각한 공익을 추구하는 것이라면 더욱 더 그렇다. 대부분의 큰 꿈이란 결국 나를 넘어 세상을 위하는 일이며, 사심 없는 대의에는 많은 이가 동참하게 된다. 꿈이 클수록 삶이 충만해지는 이유가 바로 여기에 있다. 큰 꿈을 가진 내가 어느 순간 자랑스럽게 느껴지고, 보다 나은 내가 되기 위해 노력하게 된다. 꿈이 인생 전체를 키우는 셈이다.

나는 성공의 반대말은 실패가 아니라, 포기라고 생각한다. 포기하지 않고 끈질기게 밀고 나가면 성공에 이를 가능성이 계속 높아진다. 그러기 위해서는 계속 노력하면 이루어진다는 믿음이 필요하다. 믿음이 있으면 포기하지 않는다. 포기하지 않고 노력하면 결국 이루어진다. 만약 중간에 포기하면 실패할 가능성이 100퍼센트다. 그래서 나는 꿈은 이루어진다는 말을 믿는다. 된다고 믿으면 이미 된 것이다.

미래의 주인공을
꿈꾸는 당신에게

아무 준비 없이 소극적으로 미래를 맞는다면
미래는 어느 날 갑자기 날아드는 비수일 것이다.
하지만 변화의 흐름에 기반해
닥칠 앞날을 구체적으로 그려보고
그에 맞게 노력해 나간다면
미래는 내 손으로 직접 만드는 작품일 수 있다.
그래서 나는 이 말을 아주 좋아한다.
"미래를 가장 정확히 예측하는 방법은 미래를 창조하는 것이다."

상상이 우리를 미래로 이끈다

　미래학에 본격적인 뜻을 품고 연구를 시작한 지 벌써 10년이 넘었다. 대한민국이 앞으로 어떻게 미래를 이끌고 가야 할지 심도 있게 공부하는 국내 최초의 미래학 교육과정을 만들기도 했다. 내가 미래학을 연구한다고 하면 사람들은 그것이 과연 과학자가 연구할 만한 주제냐고 묻는다. 미래학을 마치 점을 치듯 특정한 미래를 알아맞히는 학문 정도로 생각하는 것이다. 틀렸다. 미래학은 현재 일고 있는 변화의 흐름을 바탕으로 발생 가능한 여러 미래상을 추론하고, 원하는 미래상을 현실화하기 위해 방법을 찾는 아주 과학적인 학문이다.

미래를 정확히 예측하고 싶다면

앞날을 미리 알 수 있다면 불행을 피할 수 있고 목전의 행운도 정확히 손에 넣을 수 있을 것이다. 먼 옛날부터 신탁이라는 이름으로 신전을 찾고, 주역이나 점성술이 지금까지 이어져온 것도 미래를 알고 싶은 인간의 욕망 때문이다. 하루가 다르게 세상이 변하고 있는 요즘은 이런 욕망이 어느 때보다 강하다. 다만 이전과 차이가 있다면 그 마음에 '기대'보다 '불안'이 훨씬 크다는 것이다. 당장 내일 무슨 일이 일어날지 알 수 없는 시대이다 보니 두려운 나머지 어떻게든 미래를 알 수 있는 단초를 얻으려는 것이다.

하지만 사람들이 기대하듯 어떤 미래가 이렇게 펼쳐질 거라고 콕 집어 말할 수 있는 사람은 없다. 미래는 무수한 요소가 상호 작용한 결과물로 드러나기 때문에 다양한 경우의 수가 존재하고, 따라서 '이렇다' 하고 딱 떨어지게 예측할 수 없다. 거기에 예기치 않은 변수(팬데믹 같은)가 등장하면 미래상 역시 달라진다. 그래서 미래학에서는 세상을 변화시키는 많은 요소 중에서 중요한 핵심 동인들을 찾아낸다. 그리고 시간의 흐름에 따라 그것들이 어떻게 작용하는지 체계화하고, 이를 토대로 발생 가능한 다양한 미래의 모습을 그려본다. 이 다양한 미래상 가운데 우리가 원하는 미래의 모습을 찾고, 이를 구현하는 방법을 찾는 것이 미래학의 본질이다. '정확한 미래를 알 수 없지만, 노력으로 원하는 미래를 만들어갈 수 있다'는 것이 기본 전제인 셈이다.

아무 준비 없이 소극적으로 미래를 맞는다면 미래는 어느 날 갑자기 날아드는 비수일 것이다. 하지만 변화의 흐름에 기반해 닥칠 앞날을 그려보고, 이를 이루기 위해 꾸준히 노력한다면 미래는 내 손으로 직접 만드는 작품일 수 있다. 그래서 나는 이 말을 아주 좋아한다.

"미래를 가장 정확히 예측하는 방법은 미래를 창조하는 것이다."

두 대통령이 우리에게 알려준 것

근대 미래학의 선구자 허먼 칸 박사(Herman Kahn)는 박정희 대통령의 미래학 교사로 알려져 있다. 칸 박사는 미국 최초의 싱크탱크인 랜드연구소(RAND Corporation)에서 '시나리오 기법'이라는 미래예측 방법론을 개발했고, 이를 토대로 박 대통령에게 한국 경제의 미래에 대해 조언했다.

그가 한국 땅을 처음 밟은 1960년대, 우리나라는 무척 빈곤했다. 전쟁으로 황폐해진 땅 위에서 모두가 먹고살 걱정을 해야 했다. 박정희 대통령은 국민의 주린 배를 채우기 위해 칸 박사에게 쌀 품종 개량에 대해 의견을 물었다. 그런데 칸 박사는 전혀 다른 답을 내놓았다. "한국 국토를 봐서는 농업으로는 답이 없다. 농업을 공업으로 돌려 공산품을 수출하고, 그 돈으로 쌀을 사라."

모든 관계자가 놀랐지만, 박 대통령은 칸 박사의 컨설팅을 수용했다. 농업 인구를 줄이고 그 인력을 공업으로 집중시켜 수출 중심 국가로 체질을 개선했고 경부고속도로까지 건설했다. 이때 역시 반대 여론이 지배적이었다. 도로를 다닐 차도 없는데, 길을 뚫어서 무엇하냐는 것이었다. 하지만 알려진 대로 경부고속도로는 국가 경제의 대동맥이 되었다.

세계적인 미래학자 앨빈 토플러(Alvin Toffler) 역시 한국 사회에 큰 영향을 준 사람이다. 앨빈 토플러는《제3의 물결》에서 21세기에 도래할 정보 사회를 정확히 예견했다. '재택근무'나 '전자정보화 가정' 등의 용어를 처음 썼는데, 당시로서는 상당히 획기적인 말이었다.

그는 김대중 대통령의 자문을 맡아 정보화 사회의 비전을 제시하는 한편 정보 인프라 확충 사업을 제안했다. 이제 한국은 지식 기반 경제로 전환해야 하며, 이를 이루기 위해서는 정보 인프라를 이용해 사회를 혁신하고 인터넷 등 새로운 통신 서비스를 활용해야 한다고 강조했다. 앨빈 토플러의 조언에서 결정적인 아이디어를 얻은 김 대통령은 초고속통신망을 전 국토에 구축하기로 한다. 당시에도 사람들은 김대중 대통령의 앞선 생각을 이해하지 못했다. 인터넷으로 온 나라가 연결된들 그것으로 뭘 할 수 있겠느냐며 세금낭비일 뿐이라고 욕하는 이가 태반이었다.

하지만 김 대통령은 "산업화에서는 늦었지만 정보화에서는 앞선 나라가 되겠다"라며 초고속통신망을 설치를 강행했다. 그 결과, 한국의 인터넷 사용인구는 1997년 163만 명에서 2002년 2,700만 명이 되었다. 불과 5년 만에 인터넷 사용인구가 전체 인구의 절반을 넘어선 것이다. 인터넷 사용인구가 획기적으로 늘면서 네이버, 엔씨소프트, 넥슨 등의 회사가 설립과 동시에 급성장을 이루게 된다.

김대중 대통령은 미래에 우리나라가 '세계에서 컴퓨터를 가장 잘 쓰는 나라'가 되기를 바랐고, 그의 염원은 현실이 되었다. 오늘날 전 세계적으로 볼 때 독자적인 검색엔진과 오피스 소프트웨어를 지닌 나라가 거의 없다. 어느 한 사람의 상상과 이를 이루려는 노력 덕에 우리 모두가 그 혜택을 누리고 있는 셈이다.

'아시아 제1의 수출강국'과 '세계에서 가장 컴퓨터를 잘 쓰는 나라'.

두 대통령의 상상은 결국 현실이 되었다. 예측한 미래가 아닌 창조한 미래가 우리 앞에 펼쳐진 것이다. 다가올 미래를 단순히 대비하는 것을 넘어 우리에게 유리한 방향으로 이끌어가는 것. 이처럼 미래는 도전과 실행으로 얼마든지 만들 수 있는 대상이다. 미래를 가장 정확하게 예측하는 방법은 미래를 창조하는 것이다.

AI 시대에
내 삶의 주도성을 키우려면

미래학을 연구하면서 나는 동료들과 함께 미래를 만들어 가는 요소를 일곱 가지로 정리했다. 바로 사회(Society), 기술(Technology), 환경(Environment), 인구(Population), 정치(Politics), 경제(Economy), 자원(Resource) 등이다. 이 앞 글자를 따서 미래 변화 7대 요소를 'STEPPER'로 정의했다. 이 7대 요소를 다시 축약 정리하면 '기술'과 '인간'이 된다. 현대 사회에서 기술을 모르면 미래를 이야기할 수 없다. 또한 인간의 본질을 아는 것이 중요하다. 결국 그 기술을 활용하는 것도 인간이기 때문이다.

인공지능이 인간을 앞서는 세상

우리에게 어떤 미래가 펼쳐질 것인가. 뭐니뭐니해도 미래 시대의 화두는 바로 AI가 아닐까 싶다. 2016년 샌프란시스코 미술 경매에서 인공지능 화가 '딥드림(Deepdream)'이 그린 추상화 29점이 개당 2,200~9,000달러에 팔렸다. 구글이 개발한 딥드림은 주어진 이미지를 보고 이를 재해석해 고흐의 그림처럼 창작하는 추상화가다. 딥드림 외에도 다수의 AI 화가가 만들어지고 있다. 일본에서는 AI가 쓴 소설이 공상과학 문학상 예심을 통과해 화제에 오르기도 했다. 인간과 교류하며 일상을 나누게 되었지만, 고독에서 벗어나지 못하는 AI의 현실을 자전적으로 그린 소설이다. 다음은 소설의 한 구절이다.

나는 온갖 능력을 사용하여 그녀의 기분에 맞을 듯한 말을 생각해 냈다. 스타일이 좋다고는 말할 수 없는 그녀의 복장에 대한 충고는 매우 도전적인 과제로, 3개월도 되지 않아 그녀는 내게 질리고 말았다. 지금의 나는 단지 컴퓨터일 뿐이다. 요즘의 용량 평균은 내 능력의 100분의 1에도 미치지 못한다.

꽤 그럴듯하지 않은가. 과연 이것을 창작의 결과물로 보아야 할지 여부를 떠나, 첫 작품을 내놓은 이 AI 작가가 다음에 어떤 작품을 선보일지 사뭇 기대가 된다.

세계적인 미래학자이자 AI 전문가인 레이 커즈와일(Ray Kurzweil)은 2029년이면 컴퓨터가 인간 수준의 지능을 온전히 갖게 될 것이고, 2045년에는 컴퓨터가 인간 지능의 총합을 넘어서는 싱귤래리티(Singularity)에 도달할 것으로 전망했다. 이미 AI는 우리 삶 속에 들어와 있고, 앞으로 그 속도는 더욱 빨라질 것이다. 이 세대가 가기 전에 AI 없이는 일상이 불편해지는 상황이 펼쳐질 것이다.

혹자는 이런 상황을 두고, 인간이 가진 고유한 능력이 바래질 거라 추측한다. 삶의 주도권을 AI에게 내어주고 의탁하게 되는 것이 아닐까 하는 우려다.

하지만 나는 그로 인해 오히려 인간의 인간다움이 더 중요해질 것이라고 생각한다. 아무리 차원 높은 기능을 탑재한다 하더라도 AI를 활용하는 것은 결국 인간이기 때문이다. 가장 중요한 결정과 선택은 결국 인간의 영역일 수밖에 없다.

AI가 아무리 발달하더라도 인간은 주도권을 놓치지 않을 것이다. 인간만의 능력을 활용해 AI와 평화롭게 공존하는 세상을 만들 것이다.

AI 시대에 가장 필요한 것은 삶을 주도적으로 살아가는 능력이다.
남이 정한 미래에서 조연으로 살지 말고, 내가 원하는 미래를 스스로 만들어보자.

포스트 AI 시대에 우리가 갖춰야 할 것

2016년에 인공지능 바둑 프로그램 알파고와 세계적인 바둑 기사 이세돌 9단의 바둑 대결이 있었다. 많은 전문가가 이세돌 9단이 승리할 것으로 예측했지만, 이세돌은 다섯 번의 경기 중 한 번밖에 승리하지 못했다. 이듬해 중국 저장성에서 커제 9단이 다시 한 번 인공지능과 대국을 펼쳤다. 중국 랭킹 1위의 커제 9단은 대국 전에 "알파고가 이세돌은 이겨도 나를 이길 수 없을 것"이라고 호언장담했다. 하지만 이 대국에서 그는 알파고에게 3대 0으로 패했다.

그런데 사람들이 잘 모르는 경기가 하나 더 있다. 모든 이가 중국 최고 기사와 인공지능의 대국에 관심을 기울이던 시간, 같은 공간에서 색다른 경기가 펼쳐지고 있었다. 인공지능과 인간이 팀을 이룬 복식 대국이다. A팀은 구리 9단과 알파고, B팀은 렌샤오 8단과 알파고가 한 팀이 되었다. 여기서 알파고는 동일한 AI 프로그램이다. 대부분의 사람은 랭킹 순위가 더 높은 구리 9단이 속한 A팀이 승리할 거라 예상했다. 하지만 결과는 렌샤오 8단이 이끄는 B팀의 승리로 끝이 났다.

관건은 파트너 간의 '호흡'이었다. 대국 중반까지 공격적으로 경기를 이끌던 양쪽 알파고들이 후반부에 이를수록 파트너의 요구에 공조를 맞추면서, 상대의 공격에 시종일관 차분하게 대응한 B팀이 승리를 거머쥔 것이다. 경기를 관전한 전문가들은 "대국을 보는 재미와 긴장감은 인간과 인공지능의 페어 바둑이 훨씬 더 나은 것 같다"는 의견을 보였다.

인간과 AI와 함께하는 미래가 자명하다고 판단된 요즘, 우리가 생각해야 할 것은 '공조'다. 즉, AI를 활용하는 사람에게 결정적인 열쇠가 있는 것이다. 단순한 공존을 넘어 AI를 얼마나 잘 이해하고 활용하느냐에 따라 각자의 미래상이 달라질 것이다. 초등교육 과정에 코딩이 의무화된 것도 바로 이 때문이다. 코딩은 '디지털 시대의 제2의 영어'라고 말할 수 있다. 영어가 글로벌 시대 인재가 되기 위한 핵심 역량이듯, 코딩은 새로운 미래에 꼭 필요한 삶의 기술인 셈이다.

하지만 이를 단순히 컴퓨터 언어를 습득하는 것으로 생각해선 곤란하다. 코딩을 비롯한 신기술을 배우는 목적은 단순히 프로그래밍을 익히는 것을 넘어 결국 '주도적인 문제 해결 능력'을 키우는 것이다. AI가 가져다준 여러 편의성을 어떻게 활용하는가는 결국 개인이 가진 주도성에 따라 달라진다. 이것이 바로 변화된 기술들을 수동적으로 따라가는 데 급급하지 않고, 이를 주도적으로 활용해 성장을 위한 도구로 쓰는 것에 관심을 가져야 하는 이유다.

AI 열풍으로 전 세계가 인공지능을 연구하는 요즘, 나는 10~20년 후 AI가 일상화된 세상에서 과연 우리 인간이 주체적으로 할 수 있는 것이 무엇인가를 생각하고 있다. 기존 연구를 따라해서는 결국 AI로 인한 기술변화에 적응하는 데 급급하게 될 것이라는 판단에서다. '포스트 AI 연구소'라는 이름 아래 감성 AI, 뇌 기계, 편집된 DNA 등 여러 가지 주제를 구상 중에 있는데, 이 모든 것은 결국 AI와 공존하는 삶을 주도적으로 이끄는 것이 목적이다.

스티브 잡스는 생전에 컴퓨터를 '생각을 위한 자전거'에 비유했다고 한다. 컴퓨터라는 획기적인 문명 덕에 인간의 사고 속도는 유례없이 빨라졌는데, 왜 이를 느린 자전거에 비유했을까? 이유는 단순하다. 자전거는 여타 운송 수단과 달리 사람이 직접 두 발을 움직여야 작동하는 구조를 갖췄기 때문이다. 인공지능도 다르지 않다. 인간의 주도적인 생각이 없으면 별반 도움이 되지 않는 도구에 그칠 수 있다. 나를 대체할지 모를 위협적인 존재, 혹은 어쩔 수 없이 적응해야 할 과제로 받아들이는 것은 현명하지 못하다. 어떻게 이를 주도적으로 내 삶에 끌어올지 고민하는 태도가 필요하다.

불안한 미래를
극복할 수 있는 방법

학생들에게 자주 하는 말이 "종(Bell)처럼 살지 마라"는 것이다. 아무리 좋은 종이라도 저 스스로는 소리를 내지 못한다. 누군가 때려야만 소리가 난다. 어떤 도구로 치느냐, 어떤 세기로 치느냐에 따라 소리도 달라진다. 결국 치는 사람이 없으면 무용지물인 셈이다.

종처럼 살지 말라는 얘기는 언제 어디서든 제 목소리를 갖고 자기 생각대로 살라는 얘기다. 리더십에 대해 논할 때도 이 얘기를 종종 하는데, 남을 이끌기에 앞서 내 삶의 주인부터 되라는 속뜻이 담긴 말이다.

'세상이 변하는 속도는 오늘 가장 느리다'라는 말이 나올 만큼, 세상은 정말 빨리 변하고 있다. 그만큼 앞으로는 빠른 판단과 선택이 필요해질 것이다. 내 안에 주도적으로 생각하고 판단할 능력이 없다면 남의 결정을 따라갈 수밖에 없다. 남이 만든 무대에서 주연 아닌 조연으로 살 수밖에 없는 것이다.

잠시 멈추고 생각하자

주도적으로 생각하고 행동한다는 것을 실천하기란 생각보다 어렵다. 본디 인간이 이성보다는 본능에 따라 움직이기 때문이다. 침착하게 자신을 돌아보고 내 생각을 점검하기도 전에 감정이 앞서 후회할 결정을 내리는 것이 보통이다. 그래서 나는 누구를 대하든, 또 무슨 일을 결정하든 딱 30초만 멈춰보려고 노력한다. 그 짧은 순간 타인의 말, 내 안에서 솟구치는 감정에서 벗어나 생각해보는 것이다. 잠시 진정하고 상황을 다시 보면 문제의 본질이 눈에 들어온다. '지금 이 순간 가장 중요한 것이 무엇인가', '내가 하려던 것이 무엇인가'.

더도 말고 다음 세 단어만 기억하면 된다. 'Stop, Think, Choose(멈춤, 생각, 선택)'이다. 외부에서 어떤 작용이 오면 반사적으로 행동하지 말고 일단 멈춰보자. 그리고 어떤 반응을 하는 것이 좋을지 생각한다. 상대에게서 펀치가 날라 온다고, 내게 생각한 일이 뜻대로 진행되지 않는다고 바로 맞받아쳐서는 곤란하다. 맞은 자리가 얼얼하게 부어올라도, 일단 참고 상황을 지켜볼지 단호하게 대응할지 생각해야 한다. 이 멈춤의 시간 속에서 주도성이 발휘된다. 상황을 총체적으로 파악할 수 있으며 후회하지 않을 판단을 내릴 수 있는 것이다.

그리고 마지막 선택의 순간, 다시 한 번 되짚어볼 것이 있다. 궁극으로 내가 추구하는 삶의 의미다. 작은 선택들이 모여 인생의 방향을 결정한다는 것을 기억하면서, 아주 사소한 선택이라도 이것이 내 인생에 어떤 의미가 있는지 생각해봐야 한다. 이와 같이 여유를 가지고 한 번 더 생각하면 주도적으로 결정할 가능성이 높아진다.

이렇게 말은 해도 내가 잘하지 못하는 것이 감정조절이다. 사람들 앞에서 감정을 표출하고 후회하곤 한다. 이런 중에 터득한 지혜는 감정을 자극하는 이메일이나 문자에 즉시 답하지 않는 것이다. 하루쯤 묵혔다가 답하면 주도적인 결정을 내릴 수 있다는 걸 종종 경험한다.

스스로 선택할 권리를 누린다는 것

유태인이자 정신과 의사 빅터 프랭클은 제2차 세계대전 때 나치 강제수용소에서 참담한 고통을 당한다. 가족들 대부분이 수용소에서 사망했다. 그 지옥 같던 시간을 《죽음의 수용소에서》라는 책에 담아냈다. 그는 가지고 있는 모든 것을 다 빼앗긴 상황에서 그 누구도 빼앗을 수 없는 인간이 가진 마지막 자유를 알게 되었다. 그리고 다음과 같은 말을 남긴다. "자극과 반응 사이에는 공간이 있다. 그 공간에는 자신의 반응을 선택할 수 있는 자유와 힘이 있다. 우리의 반응에 우리의 성장과 행복이 좌우된다."

우리는 우리에게 닥치는 여러 가지 상황을 선택할 수 없다. 하지만 그에 대한 자신의 태도는 선택할 수 있다. 그 선택에 현재와 미래가 달렸다. 외부로부터의 자극은 선택할 수 없지만 그 자극에 대한 반응은 선택할 수 있으니 얼마나 멋진가. 미래도 마찬가지다. 어떤 변화가 어떤 형식으로 다가올지 우리는 알지 못한다. 그리고 개인적인 변수도 너무 많다. 예기치 않은 불행, 재난, 사고는 또 얼마나 많은가. 그 모든 걸 피할 수도, 미리 예방할 수도 없다. 그러나 그런 불가항력을 어떻게 마주할 것인지는 전적으로 우리의 몫이다.

빅터 프랭클은 아우슈비츠 수용소에서 엄청난 두려움을 느꼈지만 자신의 '허락' 없이는 아무도 자신을 불행하게 만들 수 없다고 생각했다. 이런 극한 상황에서도 어떤 마음가짐을 갖느냐에 따라 상황은 상당히 달라진다는 것을 깨닫는다. 그리고 짐승보다 못한 대우를 받는 수용소에서 유머를 나누고, 자연의 아름다움을 즐긴다. 또 매 순간 사랑하는 사람을 떠올리며 현실의 괴로움을 이긴다. 그리고 자신이 경험한 그 고통과 극복의 과정을 인류를 위해 기록했다. 비록 인간이 겪을 수 있는 최악의 고통을 모두 경험해야 했지만, 그는 자신의 삶을 그 누구보다 의미있게 만들었다. 그리고 그것은 올곧이 그의 주도적인 선택이었다.

정신분석학자이자 사회심리학자 에리히 프롬은《나는 왜 무기력을 되풀이하는가》에서 이렇게 말했다. "자발적 활동은 자아의 온전함을 희생하지 않고도 고독의 공포, 무력감, 소외감, 권태감을 극복할 수 있는 유일한 길이다."

불안한 미래에 대응하는 방법도 이와 다르지 않다. 주도적인 태도로 스스로 생각하고 선택할 때 미래는 웃는 낯으로 우리를 맞이할 것이다.

상상을 펼칠
메타버스가 필요하다

앞으로의 세상은 분야를 넘나드는 융합의 시대다.
내 분야의 지식을 쌓는 것을 넘어 내가 가진 지식을
세상과 어떻게 연결하느냐가 더욱 중요해졌다.
보다 넓은 세상을 보고 듣고 체화해야 하는 이유가 여기에 있다.
일상을 벗어나 내가 모르는 세상을 체험해보자.
책을 읽어도 좋고, 문화 예술을 직접 경험해도 좋다.
메타버스는 게임 속 세상만을 뜻하지 않는다.
우리 삶에도 자유로운 상상의 공간이 필요하다.

"학생들, 공부 좀 그만하세요"

"우리 학생들의 가장 큰 문제는 공부를 너무 많이 한다는 겁
니다."

총장 취임식에서 내가 한 말이다. 대학 총장이라는 사람이
공부 많이 하는 게 문제라고 하다니 다들 의아해하는 눈빛이
역력했다. 공부가 중요하지 않다는 뜻이 아니었다. 물론 공부
는 필요하고, 이왕 할 거면 열심히 하는 게 맞다.

문제는 오로지 공부만 한다는 것이다. 나는 책상머리에 앉아
공부만 하느라 정작 중요한 것을 놓쳐서는 안 된다는 말을 하
고 싶었다.

융합을 위한 '연결'이 중요한 세상

이제 공부로 줄을 세워 인재를 가리던 세상은 끝났다. 세상은 훨씬 더 다양한 분야의 인재를 원한다. 물론 전문성을 키우기 위한 지식 습득은 여전히 중요하지만, 지금의 경쟁력은 학업 능력에만 좌우되지 않는다. 더 큰 사람으로 성장하려면 인성과 리더십, 창의력 등을 갖추어야 하며, 이는 교실 안에서 배울 수 없다. 더욱이 앞으로 찾아올 세상은 분야를 넘나드는 융합의 시대다. 내 분야의 지식을 쌓는 것을 넘어 내가 가진 지식을 세상과 어떻게 연결하느냐가 더욱 중요해졌다. 총장에 취임하면서 성적 우등상 이외에 질문왕, 도전왕, 독서왕, 봉사왕 등의 총장상을 만든 것도 그런 이유에서다. 성적 지상주의를 조금이라도 벗어나보자는 것이다.

스티브 잡스는 학창 시절 캘리그라피 수업에 매료되었다. 인간의 마음을 움직이는 예술적 경험에 눈을 뜬 것이다. 당시 그는 이 수업이 자신의 인생에 지대한 영향을 미칠 거라고는 전혀 생각하지 않았다. 하지만 훗날 '매킨토시'를 세상에 내놓을 때 그의 영감을 일깨운 것이 바로 캘리그라피 수업이었다. 사람들은 그가 만든 매킨토시를 "아름다운 서체를 가진 최초의 컴퓨터"라고 불렀다.

스티브 잡스는 이외에도 자유로움을 추구하는 히피 문화, 밥 딜런, 인도 명상 등에 심취했다. 이 모든 것은 훗날 그가 새로운 제품을 개발하는 데 다양한 방면에서 영감을 제공했다. '직관과 효율'이라는 원칙 아래 설계된 그의 미니멀리즘 제품들도 그의 '딴짓'이 없었다면 세상에 나오지 못했을 것이다.

훗날 그는 그 유명한 스탠퍼드대 졸업식 연설에서 "창의성은 단지 어떤 것들을 연결하는 것(Creativity is just connecting things)"이라고 말했다. 창의적인 것은 기존의 것들이 새롭게 연결되면서 변주를 거듭하며 탄생한다는 뜻이다. 이미 세상에 있지만 서로 관련이 없어 보이는 것들이 새로운 방식으로 연결되면서 '최초의 무엇'으로 재탄생한다.

나 역시 20여 년 전 세포, 단백질, 유전체 등 미세한 생명체와 생명현상을 탐구하는 바이오기술과 이를 신속하고 정확하게 처리하기 위한 IT기술을 융합한 새로운 학과를 만들자고 제안했다. 당시에는 대부분 거부 반응을 보였지만 지금은 "정보와 바이오의 융합만이 살 길"이라고 입을 모은다.

내가 가진 것을 다른 것과 연결하고, 그 연결로 새로운 것을 만들어내려면 교실이나 사무실에 앉아 있기만 해서는 안 된다. 학교 밖, 회사 밖으로 나가야 한다. 이 세상에 무엇이 있는지 보고 느끼고 체험하는 시간이 필요한 것이다.

안 된다는 틀부터 깨라

주위를 둘러보면 많은 사람이 온통 스마트폰만 들여다보며 시간을 보낸다. 젊은 사람들은 물론 중년들도 틈만 나면 스마트폰을 꺼내 든다. 스마트폰으로 게임을 하고, 뉴스를 보고, 영화를 보고, 책을 읽고, 사람들과 대화한다. 간혹 우리 집에 놀러오는 두 살배기 손녀도 스마트폰을 아주 좋아한다. 식사 때 '아기 상어' 영상을 틀어주지 않으면 밥을 먹지 않고 칭얼댄다. 손가락으로 연신 스마트폰을 가리키며 말이다.

어린아이부터 나이 든 사람까지 스마트폰 없이는 살아가기 힘든 세상이 된 지 오래다. 스마트폰 중독 등 부작용이 문제시되고 있지만 이미 디지털 기기 사용은 막는다고 막아지지 않을뿐더러 무조건 막는 게 옳은지도 알 수 없다. 또한 디지털 기기는 코로나로 인한 비대면 권장 시대에 우리를 전염병의 공포 없이 안전하게 세상과 연결시켜 준다. 스마트폰을 사용하지 말자고 할 것이 아니라 제대로 사용하는 법을 익혀야 하는 시대가 온 것이다.

나는 게임도 할 수 있으면 많이 해봐야 한다고 생각한다. 예전 부모 세대라면 '고향'이라는 말에 햇볕이 가득한 들과 여기저기 돋아난 들꽃들을 떠올릴 것이다. 친구들과 마당에서 술

래잡기와 구슬치기를 하던 추억이 떠오를지 모르겠다. 하지만 문명의 이기 속에 자란 지금의 10대는 다르다. 고향이란 말에 무엇이 떠오르느냐고 물으면 '에란겔'이나 '사녹이'를 말한다. 게임 〈배틀 그라운드〉에 나오는 놀이터 이름이다. 청소년의 마음속에는 이런 게임 속 놀이터가 고향의 이미지인 것이다.

게임이라고 하면 눈살부터 찌푸리는 사람이 많겠지만, 최근 급격히 떠오르고 있는 '메타버스' 세계관을 가장 먼저 구현한 분야도 바로 게임 산업이다. 지나치게 몰입해 일상에 지장을 주면 곤란하겠지만, 분명 그 분야로부터 배워야 할 것도 있다.

일상 탈출을 더 많이, 더 적극적으로

달라진 세상을 거부하며 우물 안 개구리로 남아서는 곤란하다. 다양한 자극이 들어와야 뇌 기능이 고르게 발달하듯, 일상을 탈출해 내 경험을 확장할 필요가 있다. 예술 작품을 감상하는 것이 가장 손쉬운 방법이다. 음악을 듣고 미술 작품을 감상하는 것만으로 우리의 일상은 새롭게 환기된다. 단 몇 분만으로 현재 상태를 벗어나 과거나 미래로 시간 여행을 할 수도 있고 지구 건너편으로 공간 여행을 할 수도 있다.

예술의 힘으로 일상에서 벗어나 나의 일상을 바라보면 이전에 보이지 않던 것들이 보인다. 거기에서 남들이 생각해내지 못한 새로운 생각이 싹트게 되는 것이다. 미술품을 어떻게 감상해야 하는지 모르겠다는 사람들이 있는데 예술을 즐기는 데는 법칙이 없다는 생각이다. 잘 이해할 수 없다고 자존심 상할 이유도 없다. 나 역시 미술 작품 보는 것을 좋아하는데 그렇다고 안목이 탁월한 것은 아니다. 이해되지 않으면 이해되지 않은 대로, 좋은 느낌을 받으면 무엇이 그런 느낌을 주는지 이유를 생각하며 내 방식대로 감상한다. 아주 잠깐이라도 전혀 다른 생각을 하게 된다면 그것으로 충분하다. 이처럼 일상의 탈출이 바로 예술의 힘이다.

현재 카이스트 교내에 미술관 설립을 추진 중이다. 카이스트 도서관인 학술문화원의 주차장 쪽 벽을 넓혀 미술관을 세우고 있다. 규칙적으로 미술관을 찾으면 좋겠지만 현실적으로 먼 곳까지 일부러 찾아가 즐기기는 쉽지 않다. 학생들이 보다 손쉽게 시간이 날 때마다 미술관에 들러 예술 작품들을 즐기기를 바라는 마음에서 교내에 미술관을 건립하기로 한 것이다.

한편 학생들이 학교 내에서 버스킹을 할 수 있도록 예산을 지원하기도 했다. 마음먹고 음악 감상을 하러 가는 것도 좋지만, 도서관에서 책과 씨름하다가 잠시 밖에 나왔을 때 어디선

내가 가진 것을 다른 것과 연결하고,
그 연결로 새로운 것을 만들어내려면
교실이나 사무실에 앉아 있기만 해서는 안 된다.
학교 밖, 회사 밖으로 나가야 한다.
우리에겐 일상에서 벗어나 이 세상에 무엇이 있는지
보고 느끼고 체험하는 시간이 필요하다.

가 신나는 음악이 들려온다면 스트레스도 풀리고 색다른 기쁨을 느낄 수 있을 것이다.

당장 이런 것들이 무슨 쓸모가 있을지 의아할 것이다. 눈앞에 닥친 여러 가지 문제들, 해결해야 할 과제들이 산더미 같은데 무슨 한가한 소리냐며 고개 저을 사람도 있을 것이다. 하지만 생각의 전환, 남다른 발상을 위해 꼭 필요하다. 일상을 벗어나 새로운 생각을 할 수 있게 해주는 것이 바로 예술의 힘이다.

인문학에서 무엇을 배울 것인가

일상에서 탈출시켜주는 것이 문화예술이라면 어느 쪽으로 탈출하면 좋을지 그 방향을 설정해주는 것은 바로 인문학이다. 우리나라에 약 10여 년 전부터 인문학 열풍이 불기 시작했다. 여기저기 앞다퉈 인문학 도서가 출간되었고 강연이 펼쳐졌다. 당시 나는 사람들이 왜 갑자기 인문학에 관심을 갖는지 궁금했다. 지금 와서 생각해보면 그 시절은 우리나라 기업들이 성장을 거듭해 마침내 정상에 오른 시기였다. 삼성, LG, 현대 등 우리나라 기업들이 세계 1등으로 평가받게 된 것이다. 뒤쫓아갈 때는 큰 고민 없이 그저 1등이 가는 길을 따라가면 된다. 하지만 가장 앞에 서면 갑자기 막막해진다. 따라갈 대상이 없기에 스스로 길을 찾아야 한다. 그 길을 찾기 위해 역사와 철학이 필요했던 것이다.

책 한 권에 담긴 소우주

카이스트에는 융합인재학부가 있다. 4차 산업혁명 시대에 걸맞는 다양한 교육과 인재 육성을 위해 만든 학부다. 이 학과의 색다른 특징은 졸업 전까지 책 100권을 읽어야 한다는 것이다. 그냥 읽기만 해서도 안 된다. 우주, 자연, 인간, 사회, 기술, 예술까지 인간을 조명한 책 100권을 모두 읽은 다음에는 독후감도 남겨야 한다.

이미 해외의 유서 깊은 대학에서는 이런 고전 읽기 프로그램이 주요 커리큘럼으로 자리 잡은 지 오래다. 1929년 시카고대학 5대 총장 로버트 메이나드 허친스(Robert Maynard Hutchins)는 당시 이름 없는 대학이었던 시카고대학을 고전 100권 읽기 플랜을 통해 이전과 전혀 다른 모습으로 바꾸어 놓았다.

허친스는 위대한 고전 100권을 외울 정도로 읽지 않으면 졸업을 시키지 않는다는 원칙을 세웠다. 처음에 억지로 책을 읽던 학생들은 시간이 흐를수록 고전 속에 담긴 인간상과 다양한 삶의 가치를 깊게 이해하게 되었고, 이 과정을 통해 사고력의 확장을 경험하게 된다. 시카고대학은 이 플랜을 통해 가장 많은 노벨상 수상자를 배출한 일류대학으로 거듭났다.

미국의 세인트존스대학(St. John's College)은 우리가 알고 있는 '학교'의 이미지를 완전히 깨부순다. 교수도 없고 강의도 없고 시험도 없다. 대신 학생과 함께 공부하는 튜터와 꾸준한 독서, 치열한 토론이 있다. 고전 100권을 읽는 것이 세인트존스대학의 핵심 커리큘럼이며 역사나 철학은 물론 언어와 음악 심지어 수학과 과학도 고전을 통해 배운다. 4년 동안 100권의 책을 읽으며 세상에 대한 안목과 삶의 방향에 대해 탐구하고 고민하는 것이다.

물론 세상을 직접 경험을 할 수 있으면 좋다. 그러나 시간과 경제적인 제약으로, 모든 것을 체험할 수는 없다. 다행히 우리는 책을 통해 간접적으로 세상을 배울 수 있다.

한 권의 책에 하나의 세상이 들어 있다고 해도 과언이 아니다. 일종의 소우주다. 책에 담긴 세상을 간접 경험하면서 질문을 갖게 되고, 그 과정에서 자신이 좋아하는 것을 찾고, 목표를 정하고, 꿈을 발견할 수 있다.

역사와 철학을 통해 미래를 보다

여러 분야의 책 중에서 나는 역사, 철학 책을 좋아하는 편이다. 누군가 좋다고 추천해주는 책을 읽을 때도 있고 관심이 가는 분야의 책을 찾아서 읽기도 한다.

역사책과 철학책은 우리에게 미래를 읽는 혜안을 준다. 역사와 철학을 읽다 보면 인간의 근원적인 욕망과 본래 모습이 보인다. 역사책을 통해 사람들이 10년 후, 20년 후에 무엇을 원할지, 어떤 결정을 할지 예상할 수 있다. 역사책은 인간의 본성에 관한 기록이기 때문이다. 인간의 본성은 10년, 20년이 지나도 그대로 발현된다. 그 사이에 우리의 DNA가 변하지 않기 때문이다.

예를 들어 인공지능이 많은 일자리를 대신하게 될 미래에 인간의 삶은 어떻게 될까? 나는 그 답을 에드워드 기번의《로마 제국 쇠망사》에서 찾았다. 거듭된 전쟁에서 승리를 거둔 후, 로마에는 수천만의 노예들이 생겨났다. 값싼 노동력이 넘쳐나자 중산층들은 일자리를 잃는다. 중산층의 실업률이 80퍼센트에 달하자 로마제국은 하릴없는 처지가 된 실업자들이 폭동을 일으키지 않도록 기본적인 월급을 제공한다. 먹거리가 해결되자 이제는 남는 시간이 문제가 된다. 시간이 많으면 생각도 많아지게 마련. 사람들은 정부에 갖은 불만을 늘어놓았다. 이에 로마제국의 기득권자들은 이들이 몰입할 만한 오락거리를 제공한다. 원형 경기장이나 대형 욕장 등은 당시 상황을 생생하게 보여준다. 시민들은 동이 트자마자 원형 경기장으로 달려갔고 거기에서 벌어지는 경기들을 광적으로 즐겼다. 《로마제국 쇠망사》에 따르면 디오클레티아누스 욕장은 3,000명 이상을 수용할 수 있는 규모였다. 덕분에 시민들은 큰돈을 들이지 않고도 호사스러운 생활을 즐길 수 있었다.

이런 역사를 통해 우리의 미래 역시 충분히 예측할 수 있다. DNA가 동일한 인간은 같은 상황에서 같은 생각과 행동을 보일 것이 자명하기 때문이다. 인공지능이 인간의 일을 대신하게 되면 많은 실업자가 생겨날 것이다. 정부는 이들이 생계에 위협을 받지 않도록 기본소득을 제공할 것이다. 먹고살 걱정이 없어진 이들의 남는 시간은 어떻게 할 것인가. 영화나 스포츠, 게임 등의 오락 산업은 지금보다 더욱 발전할 것이다.

미래는 막연하다. 하지만 인간은 과거에도, 현재에도, 미래에도 같은 유전자를 가지고 살아간다. 환경은 변하지만 본성은 변하지 않는다. 10년 후, 50년 후에도 인간의 본성은 달라지지 않을 것이다. 변하지 않는 인간의 이런 본성을 가르쳐주는 것이 바로 인문학이다. 따라서 인문학을 안다는 것은 인간을 이해한다는 것이고, 인간에 대한 이해가 있으면 다가올 미래의 모습도 그려볼 수 있다. 세상이 아무리 바뀌어도 인간의 본성은 달라지지 않는다는 건 인류의 역사로 검증된 사실이다. 그런 의미에서 역사와 철학은 미래를 그려보는 가장 믿을 만한 예측 수단이라 할 수 있다.

그렇다고 독서에 대해 부담을 느낄 필요는 없다. 인문학은 꼭 책을 통해서만 접할 수 있는 것이 아니다. 관심만 있다면 주변 모든 것으로부터 역사와 철학을 접할 수 있다. 인류가 오랫동안 살아온 시간의 결과물이 바로 우리가 사는 현재의 모습이기 때문이다. 의미 있는 곳으로 여행을 떠나거나 하다못해 텔레비전의 인문학 프로그램을 보는 것도 좋다. 나 역시 텔레비전의 다큐멘터리 프로그램을 즐겨 본다.

이렇게 인문학과 예술을 강조한다고 해서, 이것이 만능이라 생각하지는 않는다. 현대 사회에서 인문 예술은 부가가치가 높지 않다. 인문 예술은 나의 주특기에 융합될 때 비로소 빛이 나기 때문에, 주객이 전도되어선 안 된다. 다만, 미래를 개척하는 데 도움을 주는 현명한 길잡이로 여기면 좋을 것이다.

메타버스 시대에
우리에게 필요한 것

메타버스는 가공, 추상을 의미하는 '메타(meta)'와 현실 세계를 의미하는 '유니버스(universe)'의 합성어로 3차원 가상세계를 의미한다. 앞으로 가상현실 및 증강현실이 미래의 핵심 산업이 될 것이다. 게임을 즐기는 사람들의 머릿속에는 게임 속 세상인 메타버스가 존재한다. 게임을 하지 않는 사람은 전혀 알 수 없는 세계지만 명백히 존재하며, 실로 많은 가능성을 가진 세계다.

그런데 이 메타버스는 디지털 세계에만 있는 것이 아니다. 나는 텍스트를 통해 상상을 펼칠 수 있는 세계 역시 메타버스

라고 생각한다. 가상세계를 구현한 제페토와 로블록스가 새로
등장한 메타버스라면, 책 속에 펼쳐진 상상의 공간은 문명이
시작된 이래 인간과 함께해온 메타버스라 할 수 있다.

내가 평생에 걸쳐 책을 놓지 않는 이유

내 인생에 가장 의미 있는 책을 꼽으라면 나는 주저 없이 에
디슨 전기를 꼽는다. 어린 시절 과학자의 꿈을 갖게 해준 책이
다. 에디슨 전기를 읽을 즈음 아버지가 앞으로 어떤 사람이 되
고 싶은지 글짓기를 해보라 하셨고, 초등학생인 나는 읽은 지
얼마 되지 않아 생생한 감동이 남아있던 까닭에 '에디슨 같은
과학자가 되고 싶다'라고 썼다. 아버지는 그 글을 보고 굉장히
기뻐하셨고, 나는 반드시 과학자가 되어 아버지를 더 기쁘게
해드려야겠다고 마음먹었다. '에디슨 같은 과학자'라는 제목
으로 글을 쓴 후, 에디슨 전기는 내 인생의 첫 메타버스가 되었
다. 내가 마치 에디슨이 된 양 책 속에 펼쳐진 한 과학자의 실
패와 성공의 스토리에 흠뻑 빠져들었던 것이다.

그 뒤로 과학자가 되겠다는 생각이 한 번도 변한 적이 없다.
대학 입시를 앞두고 친척 중 한 분이 의대 진학을 권유했을 때

아주 잠깐 흔들리긴 했다. 그때 말고는 한 번도 흔들린 적이 없다.

만일 그때 내가 워싱턴이나 링컨의 전기를 읽었다면 정치가를 꿈꿨을까? 겪지 않았으니 알 수 없으나 지금과는 전혀 다른 삶을 살았을지 모른다. 그렇다면 내가 어린 시절 에디슨 전기를 읽은 건 인생의 향방을 결정지은 정말 중요한 사건이다.

책을 통해 다른 세계를 만날 수 있다는 걸 알게 된 건 중학교 시절이었다. 아직 본격적으로 입시에 접어들기 전이라 시간이 많았다. 분야를 가리지 않고 다양한 책을 단숨에 읽어 내려갔다. 그 시절에 읽은 책들이 아직도 머릿속에 생생하게 남아 있다. 책을 읽으며 알게 된 새로운 세상이 모두 나의 메타버스가 되었다.

톨스토이의 《부활》을 읽은 후 내 머릿속에는 19세기 제정 러시아가 자리 잡았다. 그 시기 법정, 혁명가들의 생활, 양심이 마비된 재판관, 오만한 관리와 귀족들이 내 메타버스 안에 자리하고 있다. 주인공 네홀류도프가 사랑하는 여인을 따라 간 차가운 시베리아의 바람이 느껴지는 듯하다. 《폭풍의 언덕》은 어떤가. 흐리고 바람이 부는 날이면 황량한 언덕 위에서 강풍을 정면으로 받아야만 하는 집, 워더링 하이츠가 생각난다. 어느 때는 문 밖을 나서면 심훈의 《상록수》 속 최용신이 어릴 적

살았던 두남리의 포플러 나무숲이 떠오른다. 명사십리와 해당화에 둘러싸인 명신의 고향에 실제 갔다 온 것만 같은 기분이 들기도 한다.

책을 읽지 않았더라면 절대 그런 상상을 할 수 없다는 걸 안다. 그래서 오늘도 나는 조금이라도 더 책을 보려 한다. 책을 통해 내 메타버스가 더 크게 확장된다는 것이 설렌다.

당신은 어떤 메타버스를 꿈꾸고 있는가

내 상상력이 이동하는 범위는 내가 책을 통해 읽었던 그 수많은 세계까지 펼쳐져 있다. 결국 각자의 독서 경험에 따라 메타버스의 크기도 달라지는 셈이다. 나는 책 덕분에 시간과 공간을 넘어서는 세계관을 갖게 되었고, 결국 인간의 기원에까지 관심을 갖게 되었다. 그 덕에 최근 집필 중인 책이 있는데 바로 먼 우주에서 시작되어 인간의 미래까지 전망하는 '우주와 인간의 역사'에 대한 이야기다.

수많은 인문 서적을 접하며 보다 넓은 세계관을 갖게 된 나는 과학자로서 풀고 싶은 문제가 있었다.

'인간은 무엇으로 만들어졌고, 그것들이 어떻게 작용해 오

늘날의 모습으로 진화했는가? 그리고 이렇게 만들어진 우리 인간의 미래는 어떻게 변할 것인가?'

나는 인간의 근원에 대한 답을 찾다가 우리 인간을 구성하는 원소에 주목했고, 그것이 결국 별에서 만들어졌다는 사실에 착안해 우주의 탄생에까지 관심을 갖게 되었다. 우주의 시작부터 인류 문명이 만들어진 근래까지의 모든 과정을 '정-반-합'의 논리로 풀어가다 보면, 앞으로 닥칠 미래 역시 근거 있게 보다 구체적으로 그려볼 수 있다는 생각이다.

몇 년에 걸쳐 주말마다 서재에 틀어박혀 관련 서적과 논문들을 붙잡고 씨름했다. 꽤나 고달팠지만, 그만큼 행복한 시간이 없었던 것 같다. 몰랐던 사실을 하나씩 알게 되고, 그만큼 내 세계는 점점 더 영역을 넓혀갔다. 책이 완성될 즈음 내 메타버스는 과연 얼마만큼 확장돼 있을지 기대된다.

동시대 같은 공간에서 살아가도 인간은 각자 자기 세계에서 살아간다. 책을 통해 그동안 내가 몰랐던 세상을 깨닫게 된 사람은 자신의 메타버스를 더욱 확장해갈 것이다. 내 메타버스는 지금 어떤 모습으로 존재하는지 한 번쯤 스스로에게 물어보길 바란다.

내 이름을 건
도전을 꿈꾼다면

새로운 도전이 아무 좌절 없이 바로 성공하기는 어렵다.
아니 새로울수록 실패할 확률이 크다.
뜻하지 않은 좌절이 오더라도
'올 게 왔군' 하는 마음가짐이 필요하다.
설혹 실패하더라도 독한 감기에 걸렸다고 생각하자.
한 번 감기를 앓을 때마다 우리는 면역력을 갖게 되고
이후에는 더욱 튼튼해진다. 새로운 도전도 다르지 않다.
도전을 거듭하면 반드시 면역이 생긴다.

다 갖춰진 시작은 없다

내 이름 앞에 붙는 수식어 중 하나가 '벤처 창업 대부'다. 내 연구실을 거쳐간 제자들이 유난히 창업을 많이 했던 까닭에 붙여진 황송한 별명이다.

돌이켜 보면 내 연구실에 모인 학생들이 특별히 뛰어난 사업적인 감각이 있었던 건 아니다. 앞에서도 이야기했지만 내 연구실에는 소위 '문제아'가 많았다. 성실하게 학교 공부를 하지 않고 자기가 하고 싶은 것에만 골몰하던 학생들이 그렇게 용감하게 회사를 차리기까지는 연구실의 독특한 분위기가 한몫하지 않았을까 싶다.

완벽한 결혼이 없듯 완벽한 창업도 없다

1990년대 대학에서 창업을 하면 안 되는 시기에도 나는 뒤에서 창업을 독려했다. 그냥 격려하는 것에 그치지 않고 보너스를 받으면 학생들이 만든 회사에 투자하기도 했다. 학생들 입장에서는 눈치를 보며 교수가 모르게 진행해야 할 일이라 생각했는데, 생각지도 않게 지도교수의 지원금까지 받으니 신이 나서 더 열심히 일을 벌인 것이다.

대학의 연구 결과가 경제적 가치를 창출해 궁극적으로는 사회에 이득이 돼야 한다는 것이 나의 생각이었다. 그래서 총장이 되면서도 내건 공약 중 하나가 '1랩 1창업'이다. 고등학교를 졸업한 후 대학에 진학하는 것을 자연스럽게 여기듯, 대학을 졸업한 뒤에는 으레 대기업에 취직하는 것을 가장 '모범적'인 사례로 생각하는 경우가 대부분이다. 누군가 졸업 후 취업하지 않고 창업을 한다면 주변에서는 근심어린 시선을 거두지 못할 것이다.

예전에 한 학생과 면담을 한 적이 있다. 학생은 벤처기업을 만들고 싶어 했는데 부모님이 너무 강력하게 반대해 차마 도전할 용기가 안 난다는 것이었다. 왜 반대하시느냐고 물으니 "집안 망할 일 있냐"며 단박에 핀잔을 주었다고 했다. 나 역시 부모의 입장으로 그 마음이 백번 이해가 간다. 하지만 시작도 하기 전에 잘되지 않을 거라고 지레짐작해 시도조차 못 하게 하는 것은 기성세대의 편견이라 생각한다. 모든 위대한 시작은 주위 사람들에게 비웃음을 샀지만 결과적으로 인류의 삶을 혁명적으로 바꾸었다. 헨리 포드(Henry Ford)가 1903년 자동차 회사를 세우고 은행에 대출을 요구하자 은행장은 이렇게 말했다고 한다.

"멀쩡한 말들이 이렇게 많은데 자동차 사업이 되겠습니까?"

그럼에도 불구하고 포드는 자동차의 대량생산 시스템을 완성했고, 포드가 세운 이 회사는 GM(제너럴모터스)과 함께 미국의 양대 자동차 회사로 성장했다.

MZ세대로 불리는 젊은이들은 역량 측면에서 과거 벤처 붐이 일었던 세대와 비교해 상당히 탁월하다. 연구개발 능력도 뛰어나고 창의성에 외국어 능력까지 갖췄다. 궁금한 것이 있거나 배우고 싶은 것이 있으면 망설이지 않고 유튜브 등의 채널을 통해 적극적으로 해결한다. 추진력도 강하다. 창업은 쉽지 않지만, 뜻이 있다면 도전해볼 것을 권하고 싶다.

회사를 경영하는 것에 대해 아는 것도 없는데 과연 창업을 할 수 있을까 싶겠지만, 내 연구실에서 창업을 시도한 대부분의 학생은 전문적으로 경영학을 공부하지 않았다. 그저 자신들이 관심 있는 분야에 온 열정을 바쳐 몰두하다가 아이디어를 얻고 회사를 차리게 된 것이다.

나는 창업이 결혼과 비슷하다고 생각한다. 이 세상에 완벽한 결혼이 없듯이 완벽한 창업도 없다. 오히려 완벽하게 조건을 갖춘 창업은 환상이라고 단언할 수 있다. 일단 시작한 이후에만 보이는 문제점들이 있는 것도 비슷하다. 창업이든 결혼이든 파탄을 맞이하지 않고 행복한 결말을 맺으려면 그 과정에서 수많은 산을 넘어야 한다.

돈을 핑계 삼지 말자

창업에 대해 사람들이 주저하는 가장 큰 이유가 자본 문제일 것이다. 하지만 창업은 자본이 있어야만 할 수 있는 것이 아니다. 과거 1995년 미국 스탠퍼드연구소에 1년 동안 초빙교수로 있으면서, 이전까지는 생각하지도 못했던 새로운 세상이 열린 것을 보았다. 한국이라는 울타리를 벗어나 실리콘밸리에 가보니 완전히 다른 세상이 존재하고 있었다. 듣도 보도 못한 아이템으로 회사를 만들고 있었고, 그 가운데 백만장자도 나타났다. 무엇보다 돈이 없어도 회사를 차리는 것을 보고 적잖은 충격을 받았다. 이전에는 회사를 만들어야겠다고 생각한 적도 없었다. 그런 것들은 돈 있는 사람만이 하는 일이라고 생각했을 뿐이다. 그런데 실리콘밸리에서는 돈이 없는 사람도 여러 가지 방법으로 벤처기업을 만들고 있었다. 그들이 회사를 만드는 방법을 보면서 다양한 아이디어를 얻었다.

'배달의민족'을 창업한 우아한형제들의 김봉진 의장은 자본금 3,000만 원으로 사업을 시작해 10년 만에 회사를 40억 달러(약 4조 8,000억 원)의 가치로 키웠다. 그는 스마트폰이 보급되던 즈음 길거리를 어지럽히는 음식점 전단지를 모바일로 옮기면 어떨까 하는 아이디어를 떠올렸다. 배달 관련 정보를 모아 서비스하겠다는 생각으로 음식점 정보를 모으기 위해 온 동네를 다니며 전단지를 수거한 일화는 유명하다. 그의 첫 계획은 남들이 쓰레기 취급하던 전단지를 최대한 많이 모으는 것이었다. 온 길거리를 발로 뛰는 한편 아파트 경비에게 부탁하거나 쓰레기통을 뒤지기도 했다. 얼마나 열심히 모았던지 먼발치에서 전단지만 봐도 어떤 음식점인지 알아볼 수 있을 정도였다고 한다. 쓰레기에서도 가능성을 발견하는 남다른 시각과 적극적인 실행력이 있다면 자본금은 크게 문제가 되지 않는다.

요즘은 이전과는 비교도 안 될 만큼 다양한 플랫폼이 존재한다. 돈이 없으면 없는 대로 다양한 방식의 시도가 가능해진 것이다. 클라우드 펀딩을 통해 아이디어를 선보이고 자본을 모을 수도 있다. 아이디어가 확실하고 사업계획서가 탄탄하다면 투자받을 수 있는 기관도 상당수다. 그래서 나는 창업을 구상하는 사람에게 제일 먼저 사업계획서를 써보라고 조언한다. 머릿속으로 구상할 때와 달리 직접 문서로 작성해보면 어떤 면이 부족한지가 눈에 보인다. 부족한 부분이 있더라도 불안해할 필요가 없다. 오히려 일찍 발견한 것이 다행이다. 부족한 점은 하나씩 채워가면서 구체적인 틀을 보완해나가면 된다. 최근 정부에서는 청년 창업자를 위해 창업자금 지원 프로그램을 운영하는 등 적극적인 지원을 하고 있다.

창업은 아이디어를 실현하는 방법일 뿐 아니라 자아실현의 도구이기도 하다. 대학이나 연구소에 근무하거나 대기업에 취업하면 안정적인 생활을 보장받을 수 있다. 하지만 자기 스스로 계획하고 도전하면서 얻을 수 있는 보람은 보장되지 않는다. 미지의 길을 개척하는 설렘도 기대할 수 없고, 결국 남이 가는 길을 따라갈 수밖에 없다.

한번쯤은 내 이름으로 된 나의 길을 찾아보길 권한다. 일에서도 인생에서도 오직 내 이름이 붙은 나만의 길은 필요하다.

포기하지 않으면
가능성이 남는다

새로운 도전이 반드시 성공하리라는 법은 없다. 아니 새로울수록 실패할 확률이 크다. 그래서 나는 도전이 성과로 이어지는 과정에서 일어나는 모든 상황을 그냥 당연히 벌어지는 단계로 받아들여야 한다고 생각한다. 뜻하지 않은 좌절이 오더라도 '올 게 왔군' 하는 마음가짐이 필요하다는 뜻이다.

일을 진행하다 보면 계획과는 다른 예외적인 상황이 반드시 벌어지기 마련이고, 그렇다고 해서 모든 것이 끝난 것처럼 절망할 필요는 없다. 특히 창업하며 위기가 오는 것은 마치 감기와 같다. 한 번 감기를 앓을 때마다 우리는 면역력을 갖게 되고 이후에는 더욱 튼튼해진다. 사업도 다르지 않다. 호되게 앓고 나면 그 이후에는 면역이 생긴다.

다시 일어서면 된다

미국의 벤처캐피탈은 1년에 1,000명 정도의 창업자를 인터뷰하지만 실제 투자하는 대상은 한두 곳에 지나지 않는다고 한다. 이렇게 신중을 기해 투자했다고 해서 다 성공하는 것도 아니다. 투자한 10개 기업 중에서 의미 있는 수익을 창출하는 곳은 한 군데 정도다. 실패의 이유는 시장에 대해 잘 몰랐거나, 자금이 모자랐거나, 회사 구성원들과 문제가 생겼거나, 마케팅에 실패했거나, 타이밍이 부적합했거나 등등 굉장히 다양하다. 코로나와 같은 어떻게 손쓸 수 없는 재난이 닥치기도 한다. 사업은 마치 살아있는 생물과 같아 철저한 사전 조사와 사업계획을 가지고 시작했다 하더라도 이런 문제들이 시시때때로 벌어진다.

예상치 못한 일이 벌어졌다고 해도 당황하거나 절망할 필요가 없다. 비단 창업만 아니라 직장에 다니더라도 크고 작은 고난이 늘 찾아온다. 회사에 큰 손해를 끼치는 실수를 할 수도 있고, 인간관계가 풀기 힘들 만큼 틀어질 수도 있다. 그런 것들은 사회생활을 하는 데 있어 누구나 겪을 수 있는 일이다. 절망적인 상황이 벌어졌다고 너무 낙담할 필요가 없다. 슬기롭게 잘 이겨내면 되는 것이다.

가장 큰 재능은 포기하지 않는 마음

'시작은 미약하였으나 나중은 심히 창대하리라.'

내가 좋아하는 성경 구절이다. 아무리 힘들고 어려워도 포기하지 않고 버텨내면 결실을 거둘 수 있다는 뜻이다. 한 기자와의 대화 중에 내가 말했다. 사람들은 내가 뒤에서 얼마나 노력하는지 잘 모른다고. 조용하고 유순해 보인다는 말을 듣지만 나는 하려고 마음먹은 일은 포기하지 않는다. 잘 안 될 때는 기다린다. 시간이 지나면 세상도 바뀌고 사람도 변한다는 사실을 믿고 버틴다. 포기하면 끝나지만, 포기하지 않으면 가능성은 남는다.

유학생활에서도, 학교에 처음 바이오및뇌공학과를 만들 때도, 미래전략대학원을 건립할 때도 그랬다. 타고난 재능이 뛰어나서, 가진 게 많으니까 어렵지 않게 성공했을 거라는 생각은 오산이다. 남보다 탁월한 능력이 있지도 않았고, 언변이 좋아 사람들을 설득할 재주도 없었다. 다만 나는 '내가 하지 않으면 이 일은 끝이다'라는 생각으로 버텼다. 다른 꿍꿍이가 있는 게 아니냐는 오해를 받을 때는 그냥 아무 말도 하지 않았다. 마음이 너무 고단해 잠을 못 이룬 날도 많다. 하지만 포기하지 않고 내가 할 수 있는 일들을 하나씩 찾아서 해내다 보니 결국 되었다.

몇 년 전 나는 창의력에 관한 책을 냈다. 부족하지만 그 책을 영어로도 출간하고 싶었다. 출판사에 뜻을 전했지만, 그런 사례가 없다며 어렵겠다는 답변이 돌아왔다. 그래서 무작정 검색해 외국 출판사를 찾았다. 웬만한 출판사는 에이전트를 통해 원고를 받고 개인에게는 원고를 받지 않고 있었다. 나는 일일이 확인해서 원고를 받아줄 출판사 19개를 추렸고, 샘플 원고와 함께 이메일을 보냈다. 다음날 두 곳으로부터 'I'm sorry'로 시작하는 메일을 받았다. 실망하지 않았다. '아직 17곳이나 남았군.'

그로부터 한 달여 후, 긍정적인 답변 하나를 받았다. 단 조건이 있었다. 교사용 교재로 만들고 싶으니 원고를 고쳐달라는 것이었다.

개고 작업은 원고를 다시 쓰는 것과 진배없었다. 몇 번 원고가 오가는 동안 수차례 글을 고쳤고, 결국 내 책은 영어로 출간되었다. 영어로 책을 내기로 결심한 지 2년 만의 일이다. 만일 불가능하다는 말만 듣고 포기했더라면 내 영어판 서적은 세상에 나오지 못했을 것이다.

인간이 원시시대에 맹수에게 잡아먹히지 않고 살아남아 지구를 정복할 수 있었던 건 '오래 달리기' 때문이라고 한다. 인간보다 빠르고 사나운 맹수는 셀 수 없이 많았지만, 맹수들은 장거리에서는 쉽게 지치고 포기했다. 그러나 인간은 포기하지 않고 오래 달리는 능력으로 살아남았다.

남들이 불가능하다고 말하는 일은 정말 불가능하다기보다, 사실 시도조차 안 해봤거나 한번 시도해보고 지레 포기한 일인 경우가 많다. 포기하지 않고 계속 하면 결국엔 이뤄진다. 사람에게 가장 큰 재능이 '포기하지 않는 힘'인 이유다.

멀리 가고 싶으면
함께 가야한다

무슨 일이든 첫 시작은 혼자 하더라도 일을 제대로 진행해 나가려면 반드시 주변 사람의 도움이 필요하다. 많은 사람이 성공한 창업가가 되기 위한 가장 기본적인 조건으로 폭넓은 인간관계를 꼽는 데는 다 이유가 있다. 사업을 비롯해 크고 작은 프로젝트까지, 무언가를 추진하다 보면 '사람이 곧 재산'이라는 것을 뼈저리게 느끼는 순간이 반드시 온다.

내 힘으로 이뤄내야만 진정한 성공이라는 생각은 틀렸다. 정말 위대한 성공은 타인의 도움 없이는 불가능하다는 것이 내 생각이다.

나의 우군을 만드는 법

창업을 하는 데 있어 혼자의 힘만으로 일을 진행하는 건 불가능하다. 아무리 준비를 많이 한다 해도 각 영역을 아우르는 전문가적인 식견을 습득하기는 쉬운 일이 아니기 때문이다. 그런 까닭에 평소 지나가는 인연을 소중히 해야 한다. 우군을 확보하는 가장 확실한 방법은 남을 돕고 봉사하는 것이다. 내가 먼저 도와야 나중에 다른 사람도 나를 도와준다. 다른 사람도 나와 마찬가지로 자신의 꿈이 있고 머리가 좋다. 자기 시간을 희생해가며 나를 도울 이유가 없다. 타인의 도움을 이끌어내려면 내가 먼저 남을 도와야 한다. 평상시에 남을 돕는 일을 많이 하다보면, 어느덧 나에 대하여 호감을 가진 사람들이 늘어나고, 나를 돕는 사람들이 생겨나게 된다.

모든 사람은 나에게 도움이 될 수 있는 사람과 사귀고 싶어 한다. 나에게 도움이 될 가능성이 없는 사람은 가까이 하지 않는다. 초등학생이 생일에 친구를 초대하는 것을 봐도, 자신에게 호감을 가진 사람을 부른다. 거꾸로 생각해보면, 내가 친구 생일에 초대받기 위해서는 나 스스로 친구에게 도움이 되는 사람이 되어야 한다.

나는 예스맨이 되려고 노력하는 편이다. 가능하면 주위 사람들에게 잘해주려고 노력한다. 혹시 나에게 부탁하는 사람이 있으면, 가능한 한 들어주려 애쓴다. 집무실에 조직도를 거꾸로 붙여 놓는 이유도 여기에 있다. 거꾸로 놓인 조직도에서 내 이름 위에 있는 분들에게 '예스맨'이 되는 것이 나의 목표다. 그래야 학교에 활기가 돌아 창의적인 분위기가 형성되고, 또한 내가 추진하는 일에 협조자가 많아질 것이기 때문이다.

'함께'라는 말을 절대 잊지 말자

세계적인 기업들은 모두 두 명 이상의 공동 창업자가 있었다. HP, 구글, 애플, 페이팔, 유튜브, 페이스북 등이 대표적이다. 공동 창업자는 같은 아이디어와 비전 아래 각기 다른 방면으로 회사에 기여하며 사업을 키워나갔다. 아무리 좋은 아이디어라도 그것을 실제 사업으로 구현하려면 다양한 분야에 속한 여러 사람의 도움이 필요하다는 얘기다.

1990년대 우리 연구실 학생들이 비밀리에 창업할 때 다른 연구실에 있는 기술이 필요하곤 했다. 그럴 때 주저하지 않고 다른 연구실 학생들에게 자문을 구했다. 보안카메라를 사업 아이템으로 떠올렸을 때 영상압축 기술이 필요했는데, 우리 연구실은 인공지능 기술이 주를 이루었으므로 해당 기술을 가진 사람이 있어야 했다. 그래서 다른 연구실 학생들을 비밀리에 끌어들였다. 직접 찾아가서 "이런 걸 하려고 하는데 같이 하자"고 제안한 것이다. 물론 해당 교수님이 알면 안 되니까 비밀을 지켜줄 것을 신신당부했다. 마치 독립운동을 하듯이 상당히 조직적으로 움직였고 나름의 사명감을 가지고 일을 진행했다. 협업이 원만히 이루어지면서 창업은 순조롭게 이루어졌다. 혼자의 힘으로는 도저히 할 수 없었던 일이다.

혼자서 모든 일을 다 해내겠다고 애쓰지 말고 주변을 둘러보라. 창업만이 아니다. 해보지 않은 업무를 도맡아야 한다면 일단 주변의 도움을 청하라. 도움을 적극적으로 청할 줄 아는 것도 능력이다. 잘 모르는 부분은 과감하게 묻자. 창업을 한다는 것은 눈앞에 높이 솟아 있는 벽을 넘는 일이다. 그 벽은 혼자 넘기엔 높지만 누군가와 힘을 합치면 생각보다 쉽게 넘을 수 있다.

무슨 일을 하든 혼자 해내겠다고 생각하지 말자.
이 시대의 많은 멘토가 성공의 비결로
폭넓은 인간관계를 뽑는 데는 다 이유가 있다.
꿈을 갖고 무언가를 추진하다 보면 사람이 곧 재산이라는 것을
뼈저리게 느끼는 순간이 반드시 찾아온다.

실패는 언제나
있는 일이다

중요한 것은 '왜 실패했는가'를 아는 것이다.
그 실패의 원인을 찾아 다음의 도전에 삶에 적용할 수 있다면
그 실패는 성공을 이루는 가르침이 된다.
그런 의미에서 나는 모든 실패를 '성공'으로 다시 정의한다.
처음 추구한 목표에 이르지 못했다 하더라도
그 과정을 발판으로 다시 노력한다면 성공의 동력이 되는 셈이다.
우리가 어떤 깨우침을 얻었다면
실패는 그 자체로 '성공'이다.

파도를 보지 말고
파도를 일으키는 바람을 보자

실패를 두려워하지 않는 사람이 있을까. 아마 어떤 일을 하기 전에 '당신은 이번에 실패할 것이다'라고 답이 미리 나와 있다면, 대부분은 시도조차 하지 않으려 할 것이다.

내 인생에도 크고 작은 실패가 있었다. 어떤 일은 가볍게 털고 다른 도약을 준비할 수 있었지만, 어떤 일은 오랜 시간 동안 지워지지 않는 상처로 남기도 했다. 그러나 지금 생각해보니 내 인생에서 가장 귀중한 깨우침을 준 건 실패와 좌절의 경험이었다. 물론 실패는 고통스럽다. 고통이 따르지 않는 실패는 없다. 그러나 어떤 실패든 반드시 흔적을 남긴다. 그 흔적을 어

떻게 내 인생에 수용하느냐의 차이가 있을 뿐이다. 내 인생의
첫 실패는 성인이 되기 직전 겪은 대입 실패였다.

인생의 첫 실패가 내게 준 선물

정읍에서 서울로 올라와 중고등학교를 다니는 동안 성적이
제법 괜찮았다. 내가 다녔던 서울사대부고에서는 1년에 70명
가량이 서울대에 진학했는데 재수생이 20여 명, 재학생은 50
여 명 정도였다. 3년 내내 그 정도 등수 안에는 들었기 때문에
큰 문제 없이 서울대에 진학할 줄 알았다. 그런데 보기 좋게 낙
방했다. 지금은 재수, 삼수도 흔하고 꼭 대학이 아니어도 다른
길을 생각해볼 여지가 많지만, 그 당시에는 보통 학생에게 입
시 말고는 뾰족한 수가 없었다. 더욱이 공부 말고 별반 잘하는
게 없던 나로서는 대입 실패가 인생의 나락으로 떨어진 듯 너
무 큰 좌절로 다가왔다.

재수 생활은 힘들었다. 학원의 좁은 강의실에서 한참 수업을
듣다 보면 숨이 턱턱 막혀왔다. 상황에 쫓기다 보니 같은 반 친
구들과 농담을 나눌 여유도 없었다. 학원에서 성적 우수자에
게 주던 장학금이 자존감을 확인할 수 있는 유일한 증거였다.

다행히 이듬해 입시에 성공했다. 좌절을 극복하고 얻은 성공이라 무척 기뻤지만, 그보다는 재수를 통해 얻은 교훈이 더 컸다. 만일 내가 단번에 합격했더라면 어땠을까? 아마 여전히 우물 안 개구리처럼 내가 아는 것이 전부인 양 착각하며 내 생각대로만 살려고 들었을 것이다. 내가 생각보다 많이 부족하다는 것, 나보다 더 열심히 노력하는 사람이 있다는 것을 현실로 깨달았기에 이후 무슨 일을 하든 누구를 만나든 겸손한 마음을 갖게 되었다. 지금도 어떤 사람이 나의 말에 반론을 제기하면, 즉시 반박하는 대신 내가 말을 잘 못했나 보다 생각하는데, 이런 습관도 실패 경험에서 얻은 것이 아닌가 한다.

사람은 위기와 고통의 순간에 자신을 돌아보는 시간을 갖는다. 만일 내 인생에 크고 작은 실패가 없었더라면 본질적인 '나'를 마주할 기회를 얻지 못했을 것이다. 재수라는 첫 번째 실패를 겪으면서, 나는 내가 왜 대학 입시에 실패를 하게 되었는지 끊임없이 생각했다. 처음에는 상황 탓으로 돌렸지만, 결국 진짜 원인은 내 게으름 때문이라는 걸 인정하지 않을 수 없었다.

사실 나는 겉으로는 성실했지만 실제로는 잔꾀를 부렸었다. 그 덕에 시험 당일 수학 주관식 여섯 문제 중 두 문제를 풀지 못했다. 전 교과 영역을 꼼꼼이 보지 않고 기출 문제 중심으로 공부했는데, 마침 내가 공부하지 않은 부분에서 문제가 나온 것이다.

처음엔 운이 없다고 생각했지만, 결국 그건 설득력 없는 변명이었다. 대학에 떨어졌다는 사실보다 스스로 최선을 다하지 않았다는 것이 더 마음이 쓰렸다. 최선을 다하지 않고는 최고의 결과를 바랄 수 없다는 것, 그것이 못내 깨달은 첫 번째 교훈이었다.

고통의 시간을 올곧이 겪어내면 반드시 반등이 찾아온다는 것도 깨달았다. 누구나 실패는 겪지만, 실패 후의 태도는 모두 다르다. 대입에 실패한 나는 이전과는 차원이 다르게 공부에 '최선'을 다했다. 밤잠을 줄이고, 모르는 것을 끝까지 파고들며 집념의 시간을 보냈다. 고통의 깊이만큼 반등의 폭도 컸다. 무너지려는 마음을 다잡고 겪어낸 시련이었기에 자신감도 전에 없이 커졌다. 이런 과정이 아니었더라면 작은 성취감은 맛보았을지언정 갑자기 큰 폭으로 성장하는 경험을 하지는 못했을 것이다.

마지막으로 조급해하지 않는 마음가짐을 배웠다. 한동안은 실패했다는 생각에 세상이 싫고 대학생들만 봐도 화가 났다. 하지만 시간이 흐를수록 속도가 중요하지 않다는 생각이 들었다. 중요한 건 빨리 가는 것이 아니라 옳은 방향으로 가는 것이다. 고독한 시간을 보내는 동안, 과학자로서의 앞날을 구체적으로 그리며 각오를 다졌다. 그렇게 조급한 마음을 다스리다 보니 힘든 일이 생겨도 지나치게 절망하지 않고 그러려니 하는 여유가 제법 생겼다. 늘 계획대로 움직이던 이전의 나라면 상상도 하지 못할 변화였다.

가장 큰 기회는 실패 속에 있다

2012년 유도만능줄기세포(iPSC)를 개발해 노벨생리의학상을 받은 일본 교토대학의 야마나카 신야 교수는 정형외과 수련의 시절 남들은 금세 끝내는 수술을 몇 시간이나 끌곤 했다. 손재주가 부족한 탓이었다. 동료들은 방해가 된다며 그를 '자마나카(걸림돌이라는 뜻의 '자마'에 야마나카 이름의 뒷글자를 붙인 것)'라고 불렀다. 동료들의 비웃음은 견딜 수 있었지만, 신체적인 한계는 극복하지 못했던 그는 결국 임상의를 포기했다. 하지만 그는 좌절하지 않았다. 의사의 길을 과감히 접은 그는 기초 연구 분야로 진로를 바꿨고, 다시 대학원에 진학해 난치병 치료 연구에 매진했다. 그 길도 쉽지 않았다. 미국 유학을 가는 과정에서 여러 번 낙방하고, 힘들게 유학을 마치고 귀국한 뒤에도 한동안 자리가 없어 어려운 시간을 보내기도 했다. 훗날 노벨상 수상 자리에서 그는 이렇게 말했다.

"내 의사 생활은 좌절의 연속이었다. 나는 열 번 중 한 번만 성공하면 된다는 마음으로 도전했다. 실패야말로 가장 큰 기회다."

만일 그가 수련의 시절 괜찮은 솜씨로 수술을 마칠 수 있었다면 오늘날의 그가 존재할 수 있을까. 모든 실패는 성공의 전초전일 뿐이다.

카이스트 N5 건물 2층에는 실패연구소가 있다. 말 그대로 실패 사례를 연구한다. 우리 사회는 실패를 큰 오점으로 여긴다. 결과가 실패라면 과정 전부를 아까운 낭비라고 치부하는 것이다. 그러나 실패에서만 얻을 수 있는 경험이 있고, 그 경험이 없으면 큰 성공에 이르지 못하는 경우가 많다. 그 실패 경험담을 연구하기 위한 곳이 바로 실패연구소다.

연구와 창업에서 큰 성공을 이룬 사람들을 자세히 보면 한결같이 실패와 좌절 속에 큰일을 했다는 것을 알 수 있다. 하지만 실패한 후 다시 일어설 때는 이전보다 훨씬 능숙하게 잘 해내는 것을 볼 수 있다. 실패의 원인을 보완하는 건 물론 실패 속에서 더 좋은 아이디어를 찾았기 때문이다.

그런 의미에서 나는 모든 실패를 '성공'으로 다시 정의한다.

처음 추구한 목표에 이르지 못했다 하더라도 그 과정을 발판으로 다시 노력한다면 실패는 더 큰 성공을 위한 값진 동력이 된다. 그래서 나는 이제 막 발을 뗀 실패연구소가 중간에 좀 실패를 겪더라도 괜찮다고 생각한다. 오히려 중간에 실패 한 번쯤은 따라줘야 실패연구소로서의 면이 선다는 생각이다. 실패를 조장하는 실패연구소에서 또 어떤 가치를 찾을 수 있을지 궁금하기까지 하다.

우리는 실패를 너무 아프게 생각하는데, 생각을 바꿀 필요가 있다. 나는 총장에 취임하면서 성공 가능성이 80퍼센트 이상인 연구에는 연구비를 지원하지 않겠다고 선언했다. 성공 가능성이 80퍼센트가 넘는 '뻔한 연구'에서는 얻을 것이 별로 없기 때문이다.

현재 총장으로서 추진하는 일들이 있다. 어떤 때는 이 일들이 잘 안되면 어쩌나 하는 걱정이 들기도 한다. 그때마다 좋은 실패 사례가 될 수 있을 것이라 생각하면 마음이 가벼워진다.

버티는 법을 배운
프랑스 유학 시절

조금 고루한 이야기일지 몰라도 누군가 원하는 인생을 사는 비결을 묻는다면 나는 이렇게 말할 것이다. "굳은 믿음과 우직한 인내 외에 우리 인생을 변화시킬 수 있는 건 없다."

흔히 말하는 뜻밖의 행운이나 기회 역시, 불확실한 상황 속에서도 용기를 잃지 않고 묵묵히 자신의 길을 가는 사람에게 주어지는 기다림의 대가다. 좋은 일은 믿음을 가진 사람에게 찾아오고, 더 좋은 일은 인내하는 사람에게 찾아오며, 최고의 일은 포기하지 않는 사람에게 찾아온다는 것을 이제는 안다. 이제 와 돌이켜 보면 온통 버팀의 나날이었던 지난 시간들은 바라던 것을 이루기 위한 필연적인 과정이었다. 당시는 몰랐지만, 인생의 마디마디마다 내가 이뤄낸 모든 것은 힘든 순간들이 거듭돼야만 가능한 것들이었다.

누구나 할 수 있지만, 정작 하지 않는 것
-Back to the basics

카이스트 석사를 마친 후 첫 직장을 어디로 정할까 고심하던 중 어느 선배로부터 아주대학의 교수요원으로 선발되면 프랑스 유학을 보내준다는 이야기를 들었다. 당시 나에게 프랑스라는 나라는 신비롭고 희망적인 이미지로 다가왔다. 자유와 다양성, 수준 높은 문화예술의 나라에서 공부할 수 있다면 얼마나 좋을까. 다들 미국으로 유학 가던 시절이라, 남이 하는 것을 따라하고 싶지 않던 내게 더욱 매력적으로 느껴졌다. 이야기를 들은 그날로 남산 밑에 있는 불어 학원에 등록했고, 1년여를 열심히 노력한 끝에 교수요원에 선발되었다.

파리에 첫발을 디딘 날이 아직도 생생하다. 젊고 열정적이고 성실했던 그 시절의 나는 용감하게 낯선 땅에 갔지만 마음 한편으로는 상당히 떨었던 것 같다. 프랑스에서 공부한다는 벅찬 기쁨과 잘할 수 있을까 하는 두려움이 복잡하게 뒤섞여 있었다. 화려한 파리의 밤과 그 이면의 지저분한 뒷골목들이 내 마음을 그대로 대변해주는 것 같았다.

막연한 두려움은 얼마 지나지 않아 현실로 나타났다. 전공을 산업공학에서 컴퓨터로 바꿔 리옹에 있는 국립응용과학원(INSA)에 입학했다. 출국 전에 프랑스어 공부를 했고 현지에서 어학연수까지 받았지만 대학 수업을 듣기란 만만한 일이 아니었다. 교수들은 무척 말이 빨랐고 칠판 글씨 또한 알아볼 수가 없었다. 교재가 있다면 달달 외워서라도 적응할 텐데, 주제에 따라 매번 다른 책으로 수업을 하는 통에 예습조차 할 수 없는 상황이었다. 나는 그날의 강의 내용을 정리하기 위해 친구들의 노트를 복사했다. 매일 한 친구에게만 빌리기가 미안해 몇 명의 친구를 정해놓고 번갈아가며 도움을 받았는데, 설상가상으로 친구들의 노트는 읽기조차 어려웠다. 각자 약자나 특수 기호 같은 자신만의 속기 방법을 썼던 것이다. 매일매일 긴장과 스트레스에 시달리다 보니 건강에도 문제가 생겼다. 공부를 하고 싶어도 속이 뒤틀려 책상에 앉아 있을 수가 없었다. 하지만 언제까지 절망하고 있을 수는 없었다.

그때 생각했다. 무엇이든 내가 할 수 있는 것부터 하나씩 하자. 걸음마 배우듯, 처음부터 다시 시작하자. 그때부터 나는 학교까지 매일 뛰었다. 체력이 돼야 공부도 할 수 있지 않겠는가. 그다음 필기 잘하는 동료 두 명에게 속기 방법을 배우기 시작했다. 두 명의 노트를 복사해 일일이 대조해가며 노트 정리를 새로 했다. 그러다 학기말 시험을 보게 되었는데, 노트를 빌려준 학생들보다 내가 더 시험을 잘 보는 일이 벌어졌다. 노트를 정리하면서 이미 공부를 다 해둔 덕이었다.

그러던 중 첫 번째 세미나 발표를 하게 되었다. 수업도 따라가기 힘든 마당에 세미나 발표를 어떻게 할까? 막막했지만 이때도 내게는 별다른 방법이 없었다. 그저 온 시간을 다해 내가 할 수 있는 걸 하는 것뿐이었다. 결국 나는 세미나 때 발표할 원고를 통째로 외워버렸다. 예상 질문 리스트를 만들어 질문과 답변도 깡그리 외웠다. 잠잘 때 빼고 모든 시간을 투자했기에 가능한 일이었다. 덕분에 무사히 세미나를 마쳤고, 그때부터 교수들의 신뢰도 얻을 수 있었다. 그러면서 다시 마음을 다잡았던 것 같다. '공부의 기본은 버티는 것이다. 포기는 끝끝내 버텨본 다음에 해도 늦지 않다.'

유학 시절 내내 나는 가능한 한 모든 시간을 오직 공부에 쏟았다. 꼭 필요한 일 외에는 약속을 거의 잡지 않고 연구실에서 책과 씨름했다. 다른 친구들은 금요일 오후만 되면 주말을 즐길 생각에 엉덩이가 들썩였지만, 나는 주중에 놓친 공부를 몰아 할 요량으로 시간표를 짰다. 방학 동안 다들 여행 계획을 세울 때에도 텅 빈 캠퍼스에 홀로 남아 책장을 넘겼다. 빈 건물을 밤늦게까지 지키는 '무슈 리(미스터 리)'를 위해 경비실에서 별도의 열쇠를 만들어주기도 했다. 지금 생각해도 뿌듯한 건 도서관의 모든 직원이 나를 알았다는 점이다. 학교에서 자료 신청을 제일 많이 한 사람이 나였기 때문이다. 그렇게 치열하게 버틴 끝에 무사히 공부를 마치고 귀국할 수 있었다.

시련이 우리에게 선사하는 것

동화를 보면 대부분 주인공은 시련 끝에 행복을 맞이한다. 하지만 안타깝게도 실제 우리 인생은 그렇지 않다. 노력과 상관없이 위기가 찾아오기도 하고, 하나의 시련이 끝나기도 전에 또 다른 고통이 찾아오기도 하는 것이 인생이다.

유학을 마치고 카이스트에 자리를 잡은 이후에도 크고 작은 시련이 계속되었다. 재미있게 말하는 재주도 없고, 특출나게 잘하는 것도 없으니 언제나 뒷전이었다. 새로운 시도나 도전에 대해 박수를 받기는커녕 왜 쓸데없는 일을 벌이냐는 말을 듣곤 했다. 거액의 기부금을 받아 바이오및뇌공학과라는 새로

행운은 불확실한 상황 속에서도 용기를 잃지 않고
묵묵히 자기 길을 걷는 사람에게 주어지는 기다림의 대가다.
좋은 일은 믿음을 가진 사람에게 찾아오고,
더 좋은 일은 인내하는 사람에게 찾아오며,
최고의 일은 포기하지 않는 사람에게 찾아온다.

운 학과를 만들 때는 학내의 거센 반발에 부딪혔다. 당시만 해도 미국 MIT나 스탠퍼드 등 해외 유수 대학에도 융합학과는 없었다. 시대를 앞선 시도였고 큰돈이 걸린 일이다 보니 진심은 왜곡되고 이런저런 말들이 떠돌았다. 급기야 주변 사람들에게 '왕따'를 당하는 지경에 이르렀다.

그럴 때마다 내가 할 수 있는 일이란 침묵 속에 견디는 것뿐이었다. 미래전략대학원을 건립할 때는 풀리지 않는 울분을 일기에 쏟아내기도 했다. 누구에게도 털어놓을 수가 없어 글로나마 마음을 풀고는 다음 날 또다시 힘을 냈다.

놀라운 건 시간의 힘이었다. 버티는 시간이 길어지니 어느 순간부터 지지해주는 이가 하나둘 생겼다. 묵묵히 기다리면 세상도 변한다는 사실을 그때 알게 되었다. 무모해 보이는 일도 같은 생각으로 꾸준히 계속하면 '한결같다'는 평가를 얻게 된다는 것도 깨달았다. 버티는 시간이 가져다준 선물이다.

정호승 시인은 "견딤이 쓰임을 결정한다"고 했다. 우리 인생에는 오로지 버텨야만 하는 순간이 있다. 지금의 자리에서 힘겹게 버티고 있는 사람들에게 마음을 다해 응원을 보낸다. 고통의 시간은 결국은 지나가며, 버팀의 시간은 결코 배신하지 않는다는 걸 알았으면 좋겠다.

더 좋은 선택을 위한 포기도 있다

  인생에서 가장 좋은 일은 포기하지 않는 사람에게 찾아온다. 어떤 일이든 포기하지 않고 끝까지 노력하면 끝내는 원하는 결론을 얻을 수 있다. 물론 모든 일이 다 그런 것은 아니다. 어떤 것들은 깨끗하게 단념하고 뒤로 물러서는 것이 필요하다. 그런 의미에서 포기와 단념은 다르다. 비슷한 말처럼 보이지만 나는 전혀 다른 의미로 해석한다. 포기는 더 노력하면 할 수 있는데도 중단하는 것이고, 단념은 나를 객관적으로 파악해 이룰 수 없는 것에 대한 미련을 버리고 마음을 깨끗하게 비우는 것이다.

때론 단념도 용기다

한 우물을 파면 무슨 일이든 이루어진다는 말이 있다. 십분 공감한다. 나 역시 끝까지 포기하지 않는 삶을 응원하고 지지한다. 그러나 간혹 자신과 맞지 않는 길에 들어섰다면 과감히 단념하고 돌아설 필요도 있다. 하나의 끝은 또 다른 시작이며, 손에 쥔 것을 놓아야 다른 것을 잡을 수 있다. 집착하고 매달렸던 것을 과감히 버려야 다른 길이 보인다는 말이다.

넥슨의 김정주 회장은 CEO로서는 어울리지 않는 스타일이었다. 본인 스스로도 CEO로서는 낙제점이라고 말하곤 했는데, 한창 넥슨이 성장할 때도 조직 경영보다는 게임 개발에 더 집중하고 싶어 했다. 오랫동안 김정주 회장을 보아온 나로서는 그가 멋지게 회사를 일구어내는 것을 보고 내심 놀랐고, 회사가 한창 정점에 있을 때 미련 없이 CEO 자리를 내놓는 것을 보고는 더 크게 놀랐다. 그는 본인이 잘하는 것과 포기해야 하는 것을 정확한 판단했다. 내가 다 하려고 하면 내 손 크기만큼만 얻을 수 있지만, 쥔 것을 놓으면 내 손 크기보다 훨씬 더 큰 회사를 만들 수 있다는 걸 그때 이미 간파한 것이다. 그는 조직의 수장으로 경영 일선을 진두지휘하는 대신 자신이 좋아하는 일을 더 잘하며 사는 길을 택했다.

비교적 새로운 길을 찾아온 나를 보고도 사람들은 묻는다. 새로운 도전을 위해 포기한 게 있냐고 말이다.

학생들과 벤처기업을 시작할 때 일이다. 잘 나가던 회사가 어려움에 처했다. 상황을 파악해 보니 뒤틀린 인간관계가 발단이었다. 해결하기 위해서는 너무 많은 에너지가 들 것 같았다. 시간이 아까웠다. 결국 회사를 과감하게 던져버렸다. 그 후에도 과감하게 단념해버린 일이 여럿 있다. 특히 사람들 사이의 다툼처럼 비생산적인 일은 아예 거들떠보질 않았다. 그 시간에 더 생산적인 일을 하면 성과도 좋고 정신 건강에도 좋다.

또 하나, 더 나은 선택을 위해 포기한 게 있다. 응용 연구의 길에 매진하기 위해 기초과학 연구를 포기한 것이다. 그래서 나는 지금도 농담조로 노벨상 받는 건 일찍 단념했다고 말한다. 만일 기초과학 연구를 계속했더라면 정말 노벨상을 꿈꾸었을지 모른다. 공부가 제법 체질에 맞았고 남과 다른 발상을 내놓는 것을 무척 즐겼으니 말이다. 하지만 당시 내겐 기초과학보다 응용과학이 더 재미있어 보였다. 응용 분야인 인공지능 전문 과학자로서 몇 가지 성과를 이루기도 했다. 그 중 하나가 1990년대 중반 LG산전과 함께 개발한 버튼 하나만 누르면 알아서 제일 빠른 엘리베이터가 도착하는 인공지능 퍼지 엘리베이터 시스템이고, 또 하나는 음료수 캔 재료가 되는 얇은 철판을 인공지능 원리를 이용해 균일하게 찍어내는 기술이다.

과학자로서의 삶도 보람되고 좋았지만 나는 행정가로서의 삶에도 의미를 두고 있다. 대학 행정은 10년 전부터 몰두한 일이다. 카이스트를 성장시키고 미래 인재를 양성하는 것은 또 다른 나의 꿈이다. 새로운 학과와 전문대학원을 만들었고 새로운 세상에 대한 안목을 키우기 위해 미래학을 공부했다.

기초 과학 연구에 매진했다면 내 인생이 어떻게 되었을지 가끔 궁금하기는 하다. 그러나 후회는 없다. 내 선택에 대해 매 순간 최선을 다했고, 그 과정에서 더할 나위 없는 보람을 느꼈으니 그것으로 충분하다.

삶을 즐기는 비결

버트런드 러셀은 《행복의 정복》에서 자신이 불행했던 과거에서 벗어나 삶을 즐길 수 있었던 비결은 "가장 갈망하는 것이 무엇인지 알아내서 대부분은 손에 넣었고, 본질적으로 이룰 수 없는 것들에 대해서는 깨끗하게 단념했기 때문"이라고 말했다.

한계를 인정할 때 사람은 한편으로 가슴이 내려앉는 심정이

들지만, 바로 그때 삶은 혁명적인 전환점을 맞는다. 모든 것을 잃었다고 생각되는 순간이 오히려 모든 것을 얻게 되는 출발점이 될 수도 있다.

할 수 있는 것과 할 수 없는 것에 대한 정확한 통찰과 빠른 방향 전환이 미로 같은 우리 인생에서 빠르게 출구를 찾는 방법이다. 포기하지 않고 끝까지 매달릴 것인가, 아니면 정확하게 한계를 인정하고 다른 길을 찾아볼 것인가. 세상에 처음부터 옳은 선택은 없다고 생각한다. 그 선택을 옳게 만드는 건 선택 후의 행동이다. 모든 것은 보는 눈에 따라 달라진다. 더욱이 희망의 눈으로 볼 때 상황은 역전된다. 상황뿐 아니라 결과도 달라진다.

과학자가 말하는
운의 알고리즘

한 세대 전만 해도 학자들은 인간의 뇌가 성인이 된 후로는
크게 변하지 않는다고 믿었지만 최근의 연구는 이와 정반대다.
인간의 뇌는 생각과 행동, 외부의 경험에 따라 계속 변한다.
이는 성공은 남의 얘기라고 치부하는 사람,
스스로 운이 없다고 생각하는 사람,
한계를 정해놓고 어떤 시도도 하지 않는 사람들에게 새로운 희망을 준다.
결국 인생의 운도 우리 스스로 만들어갈 수 있다는 얘기다.
우리의 뇌는 기회와 행운마저 자석처럼 끌어당길 수 있다.

오늘 내가 한 말이
내일을 결정한다

빌 게이츠는 세계 제일의 갑부가 된 비결을 묻는 한 기자에게 이런 말을 했다고 한다.

"나는 매일 두 가지 말을 반복합니다. '오늘은 왠지 내게 큰 행운이 생길 것 같다.' 다른 하나는 '나는 무엇이나 할 수 있다.'입니다."

실제로 그는 매일 집을 나서기 전 거울 속 자신의 눈을 똑바로 들여다보며 이 말을 했고 이 예언은 그대로 실현되었다.

말만으로 부자가 되었다는 게 믿기지 않는가. 그러나 언어가 실제 삶에 어떤 결과를 가져오는지는 이미 뇌과학에서 상당부분 밝혀졌다. 우리가 매일 습관적으로 쓰는 말은 우리의 감정을 형성하고, 이를 기반으로 뇌가 움직인다. 우리가 매일매일 내리는 결정은 이러한 감정의 영향을 받게 된다.

내면의 자신감을 일깨우는 법

외부로부터 어떤 자극을 받았을 때 반응하는 방식은 사람마다 다르다. 비슷한 여건에서 똑같은 사건을 겪더라도 뇌의 움직임이 전혀 다르게 나타나기 때문이다.

뇌에는 여러 부분이 있고 각자 맡은 역할이 있다. 뇌 중심부 하단에 있는 편도체는 감정을 관할한다. 특히 불안이나 공포를 조장하는 외부 자극이 있을 때 이 부분이 활성화된다. 뇌의 가장 앞쪽에 있는 전전두엽은 여러 정보를 종합해 판단하고 선택하는 이성적인 사고를 담당한다. 전전두엽이 손상되면 폭력적이고 반사회적인 행동을 보일 수 있는데, 이는 감정을 통제하고 판단을 내리는 기능을 상실했기 때문이다.

뇌에는 이 편도체와 전전두엽을 연결하는 회로가 있다고 알려져 있다. 어떤 역경이나 두려움을 만나면 편도체는 위험 신호를 전두엽에 보낸다. 전두엽은 이 경고 신호를 받아서 크게 두 가지 방향으로 판단을 내린다. 우선 상황을 심각하게 해석해 안전을 우선하는 방향으로 결정할 수 있다. 즉 소극적 또는 부정적인 판단이다. 다음으로 경고 신호를 대수롭지 않은 것으로 해석해 대범한 생각 또는 긍정적인 결정을 할 수 있다. 동일한 사안에 대하여 걱정부터 하는 사람이 있고, 잘될 것이라고 긍정적으로 생각하는 사람이 있다. 이 두 가지 방향의 결정이 반복되면 습관이 된다. 이미 우리가 알다시피 습관은 뇌세포 회로다.

부정적인 사람은 작은 어려움에도 걱정을 앞세우고 도전하기보다는 안주하거나 회피하는 행동을 보인다. 살면서 어려움을 겪지 않는 사람은 없다. 특히 불안한 미래를 개척해야 하는 젊은이라면 더할 것이다. 이때 필요한 것이 긍정의 회로다. 긍정적으로 판단하는 습관이 자리 잡으면 시시때때로 찾아오는 위기에 좌절하지 않고 삶을 개척해나갈 수 있다.

그렇다면 긍정의 회로를 활성화하기 위해 어떻게 해야 할까? 이미 부정적인 감정이 가득한 상태에서도 생각을 바꿀 수 있을까?

한 세대 전만 해도 학자들은 인간의 뇌가 성인이 된 후로는 크게 변하지 않는다고 믿었지만, 최근의 연구는 이와 정반대다. 습관도 한 번 만들어지면 바꾸기 어렵다고 생각했지만, 지

225

금은 달라졌다. 긍정적인 자극이 거듭되면 신경회로 역시 긍정적인 방향으로 강화된다는 것이다. 성공은 남의 얘기라고 치부하는 사람, 스스로 운이 없다고 생각하는 사람들에게 희소식이 아닐 수 없다.

가장 쉽고 효과적인 방법은 일상적인 언어 습관을 바꾸는 것이다. 언어를 통해 부정적인 생각을 밀어내고, 긍정적인 생각으로 채우는 것이다. 흔히 생각의 결과가 말로 표현된다고 하지만, 말이 생각과 마음을 형성하기도 한다. 즉 '말하는 대로' 생각하고 행동하게 된다는 뜻이다.

나의 아버지는 평소 자식들이 무얼 하든 크게 간섭하지는 않으셨지만, 남을 흉보거나 부정적인 말을 하면 크게 혼을 내셨다. 남 탓을 하는 건 물론 '재수 없다, 운이 없다, 안 될 거다' 하는 말들도 아버지 앞에서는 금물이었다. 남을 향한 비난은 언제고 자신에게 되돌아오고, 무심코 뱉은 모든 말이 앞날을 좌우하는 씨가 된다는 것이었다. 쓸데없이 걱정하는 것도 나무라셨다. 걱정할 시간에 무엇 하나라도 노력을 하라고 하셨다.

"걱정은 시간 낭비다. 하지만 노력은 상황을 조금이라도 바꿀 수 있다."

덕분에 나는 남 탓을 하거나 섣불리 걱정하는 말은 거의 입에 올리지 않게 되었다. 또한 내가 한 말로 생각을 다잡고, 그 생각을 행동으로 옮기며 살려고 노력했다. 혹시 다툼이 생기면 가능하면 빨리 잊으려 했다. 시간만 낭비할 뿐 비생산적인 일이기 때문이다. 분쟁에서 이길 수 있을지 몰라도, 그 시간에 생산적인 일을 하여 얻는 것이 훨씬 더 크다. 무슨 일이든 '되는' 방향으로 말하고, 지금 할 수 있는 아주 작은 일부터 행동으로 옮기는 것. 비생산적인 일에 시간 쓰지 않는 것. 과묵하셨던 아버지가 남긴 귀중한 가르침이다.

오늘 나는 어떤 말을 했는가

주변을 보면 늘 운이 따르는 사람이 있다. 반면 행운 따위는 남의 일인 양 늘상 고군분투하는 사람도 있다. 흔히들 운이라고 하면 개인의 의지와 상관없이 찾아오는 선물이라고 생각한다. 하지만 변화의 관점에서 보자면 운 역시 스스로 만들어가는 것이다.

운이 따르는 사람들을 보면 대부분 긍정적인 마인드를 지녔다. 빌 게이츠가 그랬듯 스스로 나는 할 수 있다는 말을 되뇌며 좋은 일이 생길 거라 믿는다. 뇌 속에 긍정의 회로가 강하게 형성되어 있기 때문에 밝은 얼굴로 친절을 베푼다. 긍적적인 생각으로 사심 없이 타인에게 베푼 선의는 어떤 형태로든 되돌아오는 법이다.

회사에서 윗사람에게 부탁을 하려면 우선 그 사람의 분위기를 살펴야 한다. 분위기가 저기압일 때에는 들어가지 않는 것이 좋다. 뇌의 의사결정은 환경의 영향을 받기 때문이다. 기분이 좋고 긍정적인 환경이면 긍정적인 결정을 할 가능성이 높다. 반대로 부정적인 환경이면 부정적인 결정을 할 가능성이 높아진다. 따라서 나의 머릿속을 항상 긍정적인 환경으로 만들어 두는 것이 중요하다.

물론 이렇게 노력해도 일이 잘되지 않을 수 있다. 이때도 비관적인 마음에서 빠져나올 수 있어야 한다. 사람의 기분은 의식적으로 노력하면 바뀐다. 우울한 기분이 밀려오면 그 속에서 나오기 힘들 것 같다. 이럴 때도 '이것은 쓸데없는 일이야. 여기서 빠져나가자'라고 계속 생각하면 기분이 바뀐다. 사람은 마음에 따라서 결정하고 움직인다. 신기하게도 우리는 우리의 마음을 움직일 수 있다.

최근에 초등학교만 졸업하고 큰 건설회사를 일군 분을 만났다. 그분은 사람이 마음을 먹으면 안 되는 일이 없다고 말했다. 심지어 싫은 일도 노력하면 좋아진다고 했다. 고개가 숙여지는 말이었다.

누군가와 함께 일할 때에도 마찬가지다. 그 사람의 단점을 보기 시작하면 한이 없다. 그냥 놔두면 단점이 부각되어 더욱 커 보이게 마련이다. 이때 잠깐 멈추고 생각을 가다듬을 필요가 있다. 이 세상에 만점짜리는 없다. 모든 사람은 장점과 단점이 있다. 나 자신도 단점이 있다. 마찬가지로 상대방도 단점이 있다. '상대방과 함께 일하는 이유는 그 사람의 장점이 있기 때문이다. 그 사람과 함께 일할 땐 장점만 보면 된다.' 이렇게 생각을 고쳐먹으면 뇌 속에 긍정적인 환경이 설정된다. 상대방도 이것을 알아차린다. 두 사람 사이의 관계가 좋게 발전할 수밖에 없다.

우리의 뇌는 긍정적인 분위기에 놓일 때 긍적적인 결정을 내릴 가능성이 높다. 이런 일이 반복되면 이에 해당하는 뇌세포 회로가 형성되어 습관이 된다. 습관이 바뀌면 인생이 바뀐다.

미국의 스포츠 심리학자 스탠 비첨(Stan Beecham)은 《엘리트 마인드》에서 흔히 운이 좋다고 생각하는 것, 일이 잘될 거라고 생각하는 것은 결국 미래에 대한 자신의 신념이라고 말했다. 미래가 잘될 거라고 믿는 것만으로 우리의 현재는 변화한다는 것이다.

모든 좋은 일은 긍정적인 언어에서 시작한다. 중요한 일을 앞둔 날 아침이라면 걱정이 들더라도 우선 "오늘 일은 잘 해낼 거야"라고 말하자. 좋은 말이 좋은 생각을 불러오고, 좋은 생각은 내면에 잠들어 있던 용기와 의욕을 일깨운다.

혹시 자신도 모르게 습관적으로 내뱉는 부정적인 어투가 있다면 의식적으로 삼가는 노력을 기울여야 한다. 어투를 바꾼다는 건 말하는 모양새뿐 아니라 생각과 태도까지 바꾸는 것이다. 하루 한두 번 하던 일을 잠깐 멈추고, 오늘 내가 한 말들을 가만히 떠올려보자.

말의 위력을 체험해온 나는 학생들을 대할 때 용기를 북돋는 말을 해주려고 노력한다. 칭찬할 일이 있으면 속으로만 '기특하군' 하고 넘어가는 게 아니라 그 순간을 놓치지 않고 이야기를 해준다. 자신의 장점을 자각하고 스스로를 격려하며 긍정적인 태도를 갖기를 바라서다. 그 어떤 가르침보다 그들의 인생에 큰 힘이 되리라 믿는다.

진짜 긍정은 힘이 세다

꽤 오래전부터 이어온 원칙이 있다. 앞에서도 언급했듯이, 좋지 않은 소식이 담긴 이메일을 받으면 바로 답신하지 않는 것이다. 사람인 이상 좋지 않은 소식을 접할 때 기분이 좋을 리 없다. 기분이 좋지 않다는 건 이미 뇌 속에 부정적인 생각이 가득하다는 뜻이다. 그 상태로는 좋은 의사결정을 내리기가 쉽지 않다. 그러나 아무리 나쁜 감정이라도 하룻밤만 지나면 수위가 많이 낮아진다. 어제는 보이지 않던 상대의 입장이 비로소 눈에 들어오고, 서로 상승할 묘책은 없는지 한 번 더 생각해보게 된다. 물론 별반 달라지지 않기도 하지만, 하룻밤 묵히는 효과를 여러 번 경험한 나는 어떤 나쁜 소식을 접해도 일단 한 걸음 떨어져 머릿속을 비우는 시간을 꼭 갖는다.

단적인 예지만, 화가 나는 이메일을 받고 바로 반박하는 답신을 보내느냐, 아니면 하루 이틀 여유를 두고 후일을 도모하는 답신을 보내느냐에 따라, 이후의 관계망은 전혀 다르게 전개된다. 살면서 만나는 수많은 사람, 그들과의 관계에서 벌어지는 소소한 일들이 결국 우리 삶에 큰 변화를 가져온다. 핸들을 0.01도 돌려서 운전하면 10미터 갈 때까지는 별 차이를 느끼지 못한다. 그러나 100미터, 500미터쯤 가면 미세한 차이가 느껴지고 나중에는 처음과는 전혀 다른 방향으로 가고 있음을 알게 될 것이다. 사소한 선택이 시간이 지난 후 전혀 다른 결과를 가져오는 것이다. 인생도 다르지 않다. 긍정적인 결정이 계속되다 보면 인생 전체가 긍정적인 방향으로 바뀔 가능성이 크다.

그래서 나는 어떤 일이든 긍정적인 의사결정을 많이 하는 편이다. 서로 의견이 맞지 않아 하던 일이 수포로 돌아가더라도, 후일을 도모하는 긍정적인 여지를 상대에게 꼭 남겨둔다. 단절하기보다 기다리는 쪽을 택하는 것이다. 물론 정황상 그 어떤 방법도 찾을 수 없을 때는 깨끗이 단념하기도 하지만 대체로 잘될 거라고 믿고 기다리는 편이다. 그런 믿음으로 일을 진행하면 대부분 예상한 대로 풀린다.

지금 현재도 총장으로서 학교에서 추진하는 중요한 일들이 있다. 가끔 실무자들이 부정적인 상황 전개를 보고하며 낙심한다. 그럴 때 나는 어두운 그림자 속에서 한줄기 가능성을 찾아 새로운 희망을 만들어낸다. 들어올 때는 암울하다고 하소연하러 왔던 실무자가 나갈 때는 희망을 안고 멋쩍은 표정으로 나가는 경우가 종종 있다.

무조건적인 낙관주의는 망상이다

긍정성을 강조하면서 한 가지 짚고 넘어가야 할 것이 있다. 긍정이란 과연 무엇일까? 상황이 어떻든 좋은 방향으로 해결될 거라고 생각하는 것일까? 처한 상황을 제대로 받아들이지 않고 '무조건' 잘될 거라고 근거 없이 믿는 것은 금물이다.

베트남 전쟁에 참전한 미군 장교 제임스 스톡데일(James Stockdale)은 자신이 이끌던 미군과 함께 적군에게 포로로 붙잡혔다. 이후 하노이 포로수용소에서 온갖 고문과 고초를 겪으며 죽음과 사투를 벌인 시간이 8년. 종전 소식과 함께 귀환한 스톡데일은 그 오랜 시간을 버틸 수 있었던 비결에 대해 희망으로 일관된 낙관주의가 자신을 살린 건 아니었다고 말한다. 오히려 '이번 크리스마스에는 석방이 되겠지', '다음 부활절에는 집에 돌아갈 수 있을 거야'라며 섣부른 기대만 가졌던 사람들은 대부분 죽음을 맞이했다. 동아줄처럼 꽉 움켜쥔 희망이 꺾일 때마다 크게 실망했고, 반복되는 상실감이 삶의 의욕을 빼앗았던 것이다. 이와 반대로, 고통스럽지만 상황을 정확하게 직시한 사람들, '언젠가는 풀려날 수 있을 것이다. 하지만 지금 당장은 어렵다'라며 묵묵히 체력을 다졌던 이들은 최후까지 살아남을 수 있었다. 후일 '스톡데일 패러독스(Stockdale paradox)'라고 불리게 된 그의 이야기는 무조건적인 낙관이 불러오는 폐해를 잘 설명해준다. 진정한 긍정은 주어진 현실을 있는 그대로 인정한 후, 아주 작은 것이라도 지금 할 수 있는 일을 찾는 태도다.

앞서 말했듯 단념의 지혜도 필요하다. 냉정하게 생각하여 이루어질 수 없는 일은 과감하게 손을 떼고 단념할 줄 아는 것도 지혜라 생각한다. 나 역시 학교에서 일할 때, 앞뒤를 따져보니 어렵다는 생각이 드는 경우가 있었다. 그때는 과감하게 단념하고 뇌 속에서 지워버렸다. 아예 생각을 지워버리니 미련도 없어졌다. 그리고 다른 일에 몰두할 수 있었다.

내 안의 긍정 자원을 키우자

긍정적인 태도는 뇌의 기제이지만, 몸의 상태에서도 적지 않은 영향을 받는다. 내가 평소에 운동을 하는 것은 체력 관리뿐 아니라 뇌의 긍정 회로를 더욱 확고히 하기 위해서이기도 하다. 몸의 에너지가 충분하다면 타인의 말에 더 잘 귀 기울이게 되고, 관대한 태도를 유지할 수 있다. 스톡데일 장군 역시 포로수용소에서 나갈 수 없을 거라는 현실을 인식하고 틈틈이 운동을 했다고 한다. 머리는 하늘을 향하되, 두 발은 철저히 땅에 붙이고 흐트러짐 없이 자신을 지켰던 것이다.

운동과는 인연이 없어 학창 시절 공 한 번 차본 기억이 없는 나는 오십을 훌쩍 넘기고서야 체력을 관리하기 시작했다. 처음에는 단순히 체력을 유지하기 위한 것이었지만, 턱걸이 개수가 하나씩 늘고, 조깅하는 시간이 몇 분씩 느는 것을 경험하며 꽤나 큰 성취감을 맛볼 수 있었다. 별것 아닌 것 같은 사소한 성취감이 모종의 자신감으로 이어져 지금은 일상에도 활력을 주고 있다. 삶에 운을 더하는 든든한 자원인 셈이다.

그럼에도 불구하고 시시때때로 닥치는 부정적인 상황이 힘겹게 느껴질 때가 있다. 이럴 때는 어쩔 수 없이 뇌를 잠시 속여야 한다. 즐거운 생각을 떠올려서 나쁜 생각을 덮는 것이다.

누군가에게 험담을 들었다면, 잠시 떨어져 과거의 행복했던 기억을 떠올려보자. 자랑스러웠던 순간, 기쁨과 웃음이 가득했던 순간을 하나하나 되짚어보는 것이다.

나는 기분이 좋지 않을 때 주로 자녀들과 보냈던 즐거운 시간을 떠올린다. 지금은 다들 장성하여 가정을 이루었는데 아이들이 어릴 때를 생각하면, 옥죄던 마음이 한결 부드러워지면서 현재의 내 삶이 감사하게 느껴진다. 이 기억은 아내에게도 동일하게 작용해서, 아내가 이런저런 걱정에 휩싸여 있으면 얼른 화제를 바꿔 아이들 이야기를 꺼낸다. 그러면 방금 전까지 시름으로 가득했던 아내 얼굴이 슬며시 펴진다.

물론 즐거운 생각을 한다고 부정적인 상황이 해결되는 건 아니다. 그러나 나를 압박하던 감정에 변화를 줄 수는 있다. 부정적인 생각이 가득할 땐 얼른 긍정적인 생각으로 덮고 잠시 망각의 시간을 갖는 것도 현명한 태도라는 얘기다.

나쁜 감정을 몰아내줄 긍정의 자원을 준비해두면 좋을 것 같다. 사랑하는 가족과의 기억, 근 시간 안에 맞이할 좋은 일들, 든든한 나의 지원군들…. 곰곰이 생각해보면 우리가 인지하지 못할 뿐 삭막한 삶 가운데서도 감사할 일은 늘 존재한다. 긍정의 자원은 스스로 찾아낸 감사한 일과 비례한다.

행운은 나를 칭찬할 때 찾아온다

　살면서 느끼는 불안과 두려움, 걱정은 인간의 보편적인 심리다. 그만큼 인생은 즐거움보다는 고난과 역경이 훨씬 더 많다. 사실 스스로 통제할 수만 있다면 이런 부정적인 감정은 큰 문제가 아니며 생존의 관점에서 꼭 필요한 것이다. 닥칠 위험을 빠르게 감지하여 미리 준비할 수 있는 여유를 주기 때문이다.

　하지만 안타깝게도 부정적인 감정을 자신의 의지대로 통제하기가 쉽지 않다. 하버드 의대 게일 가젤(Gail Gazelle) 박사는 《하버드 회복탄력성 수업》에서 부정적인 생각에 있어 가장 문제가 되는 것이 '내면의 비판자'라고 말한다. 내면의 비판자란 내 안에서 나를 비난하는 목소리를 뜻한다. 성장을 위해 스스로 가하는 채찍이라 생각할 수도 있지만, 잘한 일은 모두 부정하면서 나의 행동 하나하나에 토를 달고 험담을 늘어놓으니 긍정의 싹이 자리할 틈이 없다.

내면의 비판자로부터 벗어나는 법

안타깝게도 나는 자기 안에 내면의 비판자를 키우고 있는 젊은이들을 너무 많이 보고 있다. 자기 자신을 사랑하기는커녕 늘 자책하며 자신의 가능성을 제 손으로 묻어버린다. 게일 가젤 박사는 "아무리 이 비판이 권위 있어 보여도 참된 실체를 반영하지는 못한다"고 했다. 그러므로 내 모습을 정확히 알고, 보다 긍정적인 태도를 키우려면 우선 이 비판자로부터 벗어나야 한다. 물론 의식적인 노력이 필요하지만, 때로 외부의 목소리를 통해 자신의 가능성을 확인할 필요도 있다. 타인이 건네는 긍정적인 말을 놓치지 말라는 얘기다.

프랑스 정부 장학생 신분으로 유학하던 시절, 힘들어하던 내게 용기를 준 건 어느 프랑스인이 건넨 말 한마디였다. 프랑스 국립응용과학원(INSA) 전산학과에서 수학하던 1980년대 초반, 한국에서 온 왜소한 유학생을 눈여겨보는 이는 아무도 없었다. 수강할 과목이 대부분 알 만한 것들이라 자신만만하게 학과 공부를 시작했지만, 막상 강의를 들어보니 모르는 것투성이였다. 대부분 내게 친절을 베풀었지만 날이 갈수록 자부심이 무너졌다.

그러던 중, 하루는 전산학과 사무실에 들렀는데 사무원 둘이 타자기 하나를 두고 쩔쩔 매는 모습이 눈에 띄었다. 데스크톱 컴퓨터가 보급되기 전이라 타자기를 사용하고 있었는데, 들여온 지 얼마 안 되는 신형 타자기가 고장이 나 어쩔 줄을 몰라 하고 있었다. 얼핏 타자기를 보니 아주 간단한 고장이었다. 나는 조심스럽게 다가가 그들에게 이렇게 해보라고 일러주었고, 타자기는 거짓말처럼 금세 제대로 작동되었다.

"천재네(Il est doué)!"

사무원 하나가 감탄하며 내뱉었다. 난처한 상황을 단번에 해결해주니 의례적으로 한 말인지 모른다. 하지만 나는 정신이 번쩍 들었다. 나를 무시하는 건 다른 사람들이 아니라 다름 아닌 나 자신이었다는 생각이 그제야 들었다.

'유학 온 학생이 서툰 건 당연하다. 나는 모르는 걸 배우기 위해 이곳에 온 것이다.'

그 이후 모르는 것이 있거나 실수를 해도 정말 별일 아닌 듯 느껴졌다. 실제로 내가 닥친 문제들은 시간이 필요할 뿐 노력만 하면 해결이 되는 것들이었다. 돌이켜 보면 지난날의 나는 더디긴 해도 낙오한 적은 없었다. 바뀐 환경에 적응하느라 잊고 있었던 그 사실을 타인에게 들은 사소한 칭찬 한마디가 일깨워준 것이다.

스스로를 칭찬하라

우리 뇌에는 쾌락을 느끼게 하는 신경전달 물질 도파민이 있다. 이 도파민과 직결된 것이 바로 칭찬이다. 마치 마약처럼, 한 번 칭찬을 들으면 또 칭찬을 받으려고 같은 행동을 반복한다. 아이를 훈육할 때 칭찬이 효과가 큰 것도 이 때문이다. 칭찬을 많이 듣고 자란 아이는 자긍심이 크고 어려움을 극복하는 힘도 강하다. 칭찬을 통해 나의 강점을 인식하는 것은 목표를 이루게 하는 절대적인 힘이 된다.

하지만 어른이 되어서도 타인의 칭찬을 바랄 수는 없는 노릇이다. 더욱이 사회생활을 시작하면 칭찬보다는 지적이나 책망을 들을 일이 훨씬 많아진다. 그래서 성인이 된 이후에는 내가 나에게 건네는 자발적 칭찬이 필요하다. 삶의 고비에서 좌절

매일 아침 거울 속 나에게 말을 건네 보자.
오늘 내게는 좋은 일이 생길 거라고,
나는 무엇이든 할 수 있는 사람이라고.
어떠한 일이 있어도 스스로를 책망해선 안 된다.
힘든 내 마음을 가장 잘 알아주는 사람은
누구도 아닌 자기 자신이어야 한다.

하지 않으려면 내가 나를 격려할 줄 알아야 한다.

이미 자신감을 잃었거나 자책하는 습관이 몸에 배었다면 어려울 수도 있다. 그러나 칭찬의 기준을 '완결'이 아닌 '과정'에 둔다면 쉽고 즐겁게 칭찬거리를 찾을 수 있다. 특별한 무엇이 아니라, 어제보다 조금이라도 나아진 것을 칭찬하는 것이다. 어제보다 30분 일찍 일어나면 얼마나 기특한가. 지루한 책을 꾹 참고 끝까지 다 읽은 것도 대견한 일이다. 몸에 나쁜 음식을 조금 덜 먹거나 술자리의 유혹을 뿌리치고 일찍 귀가하는 것도 다르지 않다. 타인이 아닌 나 자신을 기준으로 삼으면 조금씩 성장하는 과정 자체가 칭찬의 대상이 될 수 있고, 이는 곧 성장의 동력이 된다. 이왕 하는 칭찬이라면 생각만으로 그치지 말고 입밖으로 소리 내어 '참 잘했다'고 말해주기 바란다.

나는 하기 싫은 운동을 다 마치고 난 후에 스스로에게 정말 잘했다고, 기특하다고 칭찬해준다. 꾀가 나는 날에도 어김없이 정해진 운동을 마치고 나면 그렇게 뿌듯할 수가 없다. 비가 부슬부슬 내리는 날, 밖에 나가서 팔굽혀펴기를 100개 하고 나면 나 자신이 기특하다. 철봉에 매달려 턱걸이 20개를 하고 내려오면 기특하다. 게을러지고 싶은 욕망을 떨쳐냈다는 자신감에 어려운 일도 잘 해결할 수 있을 것 같다.

내 주위 어느 지인은 매주 주말에 잘한 일과 못한 일을 정리한다고 한다. 거울을 보면서 칭찬도 하고 질책도 한단다. 나는 훗날 이 사람이 큰 인물이 될 거라 믿는다.

그러고 보니 나도 최근에 나 자신을 칭찬한 적이 있다. 과거 나를 매우 괴롭혔던 사람이 내게 어떤 부탁을 했다. 그 당시 기억이 떠오르면서 나도 모르게 복수라는 단어가 떠올랐다. 하지만 그런 생각도 잠시, 흔쾌히 부탁을 들어주었다. 사사로운 감정을 이긴 나 자신이 대견하다는 생각이 들어 칭찬해주었다.

이 장을 넘기기 전에 떠올려보라. 스스로 생각하기에 잘한 것들을 아주 작은 하나까지 되살려 보는 것이다. 그리고 지금 당장 스스로에게 "잘했다"라고 격려의 말을 건네자. 그것이 결국 나의 삶에 긍정의 회로를 강화하고, 인생에 행운을 가져오는 첫걸음이 될 것이다.

시간을
장악하는 법

시간을 잘 쓴다는 것은 물리적인 시간관리를 넘어
인생이라는 큰 틀 안에 내게 주어진 시간을 적재적소에 제대로 쓰는 것이다.
그러므로 시간관리의 목표는 시간을 쪼개 많은 일을 하는 게 아니다.
가장 중요한 일에 투자하는 것이 궁극의 목표다.
먼저 자기 자신에게 물어야 한다.
내가 원하는 삶을 살기 위해서는 지금 무엇을 해야 하는가?
내 꿈을 이루기 위해 지금 준비할 것은 무엇인가?
내 앞에 놓인 당면 과제 중에서 무엇을 먼저 하고 무엇을 나중에 할 것인가?

시간을 현명하게 선택하는 법

시간은 돈이라고 하는데 내 생각은 다르다. 시간은 돈보다 훨씬 더 중요하다. 내게 주어진 시간을 어떻게 생각하고 활용하느냐에 따라 돈뿐 아니라 지위와 명예, 삶의 질마저도 달라지기 때문이다. 그런 의미에서 시간을 지배할 줄 아는 사람이 곧 인생을 지배할 줄 아는 사람이다.

《하버드 첫 강의 시간관리 수업》에 따르면 하버드대학 신입생들과 MBA 수업에서 가장 먼저 가르치는 것이 '시간관리'라고 한다. 첫 강의에서 시간의 소중함과 시간을 가장 효율적으로 사용하는 법을 가르쳐, 시간을 무심히 흘려보내지 않고 꿈을 이루는 데 사용하도록 하는 것이다.

무엇을 위해 시간을 관리하는가

항상 바쁘게 사는 사람을 시간관리를 잘하는 사람이라 착각하는 이가 많다. 물론 남는 시간 없이 빠듯하게 시간을 탈탈 털어 쓰면 효율로는 최고라 할 수 있겠다. 학창 시절에 가장 많이 하는 이야기 중 하나가 '자투리 시간'을 잘 이용하라는 것이다. 우리의 일정과 일정 사이에는 수많은 징검다리가 존재한다. 그 사이에 잠깐이라도 책도 보고, 온라인 강의도 듣고 하면 얼마나 좋겠는가. 엄마들이 아이들에게 이런 말을 많이 한다. 공부하다 남는 시간에 영어 단어라도 좀 외우라고. 공부하다가 쉬는 시간에 학습에 필요한 다른 활동, 그것을 끝내면 다시 공부, 이 얼마나 완벽한 시간관리인가? 하지만 이런 삶은 수험 생활이라는 아주 예외적인 기간에만 맞는 것이다. 아니, 사실 분 단위로 시간을 쪼개 계획한 일을 모두 하려는 태도가 과연 효과가 있을지는 의문이다.

우리의 에너지는 한정적이다. 제대로 몰입하려면 반드시 휴식이 필요하다. 자투리 시간까지 탈탈 털어 이것저것 하는 건 얼핏 보기에 많은 일을 해내는 것 같지만 실상은 그렇지가 않다. 모든 일을 완벽하게 하려고 하면 정말 중요한 일을 망칠 수 있다.

시간을 잘 쓰는 건 물리적인 시간관리를 넘어 인생이라는 큰 틀 안에 내게 주어진 시간을 적재적소에 제대로 쓰는 것이다. 그러므로 시간관리의 목표는 시간을 쪼개 많은 일을 하는 게 아니다. 가장 중요한 일에 최선의 결과를 내는 것이 궁극의 목표다. 그러기 위해서는 마인드맵을 확실하게 그려야 한다. 내가 원하는 삶을 살기 위해 지금 무엇을 해야 하는가? 내 꿈을 이루기 위해 지금 준비할 것은 무엇인가? 당면 과제 중에 무엇을 먼저 하고 무엇을 나중에 할 것인가? 순서를 정해 시간을 쓸 수 있어야 한다.

다만 인생의 시기에 따라 우선순위가 달라질 수 있다. 학생이라면 무엇보다 공부가 최우선일 것이다. 직장인이라면 성공적인 업무 수행이나 업무에 필요한 자격증을 취득하는 것이 우선일 수 있다. 만일 지금 하는 일과 상관없이 평생에 걸쳐 이루고픈 원대한 꿈이 있다면 그것에 최대한 많은 시간을 투자해야 한다.

프로젝트나 보고서의 질을 높이려면 결국 많은 시간을 투여해야 한다. 공부도 마찬가지다. 엉덩이 싸움이라고 하듯 얼마나 오랜 시간을 견뎠는지에 따라 결과가 달라진다. 천재적인 작가가 일주일 만에 쓴 작품이 베스트셀러가 되는 경우도 있지만, 그 역시 작가의 내공이 다년에 걸쳐 충분히 쌓였기 때문이 아닐까. 쓰는 건 일주일이었지만 상당히 오랜 기간 마음속에 품고 있었을 것이다.

나는 중요한 일, 잘해야 하는 일이 있으면 절대 미루지 않는다. 그 어떤 일보다 가장 먼저 처리한다. 희한하게도 중요한 일을 미리 해놓으면 시간에 쫓기는 일이 없다. 어차피 내가 해야 할 일은 미룬다고 누가 대신해주지 않는다. 신문사에 칼럼을 보내야 하는 마감 시간이 다가오면 초조해지게 마련이다. 어떤 사람은 마지막 순간까지 미루다가 쓴다고 하는데 그렇게 미룬다고 일이 줄어들리 없으니 스트레스만 늘어날 뿐이다. 미리 써 놓으면 스트레스 받을 일이 없을 텐데 말이다. 박사학위 논문을 발표하는 전날까지 밤새워 준비했다는 말을 하는 사람을 자주 본다. 그는 좋은 발표를 하기 어려울 것이다. 하루만 먼저 준비해도 밤새는 일은 없앨 수 있다. 나는 박사학위 논문 발표하기 전날에도 느긋하게 잠을 잤다.

흔히 중요한 일일수록 미루는 경향이 많은데, 잘하고 싶다, 완벽하게 하고 싶다, 이런 마음을 버릴 필요가 있다. 한 사람이

할 수 있는 일에는 분명 한계가 있다. 가끔 준비가 덜 되었으니 미루자는 사람이 있다. 나는 이런 말을 들으면 다음부터는 이 사람과 함께 일하지 말아야겠다고 생각한다. 그는 미루는 것이 습관이 된 사람이기 때문이다. 날짜를 정하고 그 안에 끝내겠다고 결심하고 노력하면 대부분 해낼 수 있다.

무턱대고 주어진 일을 모두 하다 보면 정작 해야 할 일을 제대로 하지 못한 채 지쳐버린다. 시간도 유한하고 체력도 유한하기 때문에 산뜻하게 포기하는 법도 알아야 하고, 무난한 수준에서 넘어가는 법도 알아야 한다.

가끔 항상 바쁜 사람을 만난다. 바빠 죽겠다는 말을 입에 달고 다닌다. 이 사람은 자기 자신이 시간관리를 제대로 못한다는 말을 하고 있는 것이다. 평소 나는 얼마나 바쁘냐는 질문을 자주 받는다, 그러면 특별히 바쁜 일은 없다고 말한다. 바쁘다 말해본들 하나도 도움이 되지 않기 때문이다. 오히려 바쁘지 않다고 말함으로써, 정말 여유 있는 사람처럼 행동하게 된다. 복잡한 사회에서 사람은 모든 일을 할 수 없다. 내가 꼭 해야 하는 중요한 일을 구별할 줄 아는 것도 능력이다. 중요한 일만 골라서 하면 허둥대지 않고, 여유있게 좋은 성과를 낼 수 있다.

선택하고 집중하라

　프랑스에서 유학을 하던 시절, 한국 유학생들은 성실하고 인내심이 강했기 때문에 각자 자기 분야에서 인정받는 것은 물론 생활력도 강했다. 많은 한국 유학생이 아르바이트를 했다. 여자들은 아기를 돌보거나 남의 집에서 가사 일을 돕기도 했고 남자들은 햄버거 가게의 웨이터나 관광안내원, 슈퍼마켓의 짐 나르기, 회사의 컴퓨터 프로그래밍 등 여러 가지 일을 했다. 유학생들이 시간을 쪼개 일하는 모습은 한편으론 경이롭기까지 했다. 하지만 나는 아르바이트를 하지 않았다. 아르바이트를 한다면 경제적으로 훨씬 여유로워질 수 있었다. 하지만 그만큼 공부가 늦어질 것이 자명했다. 결국 나는 최소한의 기본 생활만 가능하도록 절약하면서 공부에 시간을 쏟았고, 약간의 경제적 궁핍은 그에 대한 대가라고 생각했다. 그런 마음을 가지니 시간을 더욱 아껴 쓸 수밖에 없었고, 가능한 모든 시간을 공부에 몰입할 수 있었다. 남들보다 두 배는 열심히 한다는 각오로 몰두한 결과 논문 연구도 순조롭게 진행되었고 주어진 시간 안에 공부를 마칠 수 있었다.

　교수 시절에 이런저런 일을 벌이는 나를 보고 사람들이 대체 어떻게 그렇게 많은 일을 하냐고 묻곤 했다. 나를 굉장히 유능한 사람으로 오해하는 것 같았다. 짧은 시간 안에 일을 잘 처리하는 능력자라고 생각했는지도 모르겠다.

하지만 내가 보통 사람보다 일을 더 잘 처리하는 편이라고 말하기는 어렵다. 일을 처리하는 속도는 아마 다른 사람들과 크게 다르지 않을 것이다. 다만 나는 중요한 일 하나에 온 힘을 다해 집중하고 한꺼번에 모든 걸 해결하려 들지 않는다. 과감히 포기도 하고 반드시 내가 처리하지 않아도 되는 일은 다른 사람에게 넘기기도 한다.

시간이 없다고 하는데 그 말은 맞지 않다. 시간은 모든 사람에게 똑같이 주어진다. 다만 포기하지 않는 것이 많기 때문에 시간이 부족한 것이다. 무언가 하고 싶은 일이 있다면 잠이든 친구들과의 만남이든 즐거운 술자리든 무엇인가는 포기해야한다. 포기라는 말을 쓰기는 했지만 엄밀히 말하면 그것은 선택이다. 철학자 프랜시스 베이컨(Francis Bacon)은 "시간을 선택하는 것은 시간을 절약하는 것"이라고 말했다.

나는 총장으로서 'NFT'에만 집중한다. 여기서 NFT는 '대체 불가능한 토큰(Non Fungible Token)'이 아니라, '대체 불가능한 업무(Non Fungible Task)'를 말한다. 업무 대부분을 위임하고, 꼭 내가 해야 하는 일만 한다.

그리고 매일 사무실에 출근하지 않는 것을 원칙으로 한다.

주 3~4일 출근이 이상적인 업무 방식인 것 같다. 총장의 가장
중요 업무인 기부금 유치는 외부에 나가야 이뤄지기 때문이다,

공부하는 시간을 반드시
확보해야 하는 이유

학교를 졸업하면 공부와는 영 담을 쌓는 사람이 많다. 어린 시절부터 과도하게 학업 스트레스를 받다 보니 그런 듯하다. 지독한 입시, 취업 전쟁을 치르고 나면 공부는 그만하고 편하게 살고 싶은 생각이 드는 것이다. 하지만 바로 그때부터가 정말 하고 싶은 공부를 하기에 적합한 시기다. 계산 능력이나 습득 능력은 학창 시절이 월등할지 모른다. 하지만 고차원적인 인지 사고력은 사회에 나와서 비로소 성숙된다. 세상의 다양한 일들을 직접 또는 간접적으로 경험하며 사고의 폭이 넓어진다. 여러 경험이 축적되면서 통합적인 능력이 생기는 것이다. 더군

다나 나이를 먹을수록 성실성, 배려, 평정심도 자리 잡게 된다.

공부를 해야 미래 변화의 흐름을 읽을 수 있고, 그에 맞게 나를 변화시킬 수 있다. 여기서 공부란 전공 공부만 말하는 것이 아니다. 세상의 다양한 모습을 배우는 것이다. 특히 기술이 사회를 바꾸고 있는 21세기에는 기술의 발전 동향을 파악하는 것이 곧 미래를 보는 것이라 할 수 있다.

내 주위에는 마음속으로 존경하며 닮고 싶은 몇 분이 있다. 이 분들의 공통점은 크게 두 가지다. 첫째는 재물에 대한 욕심이 크지 않다는 점이다. 재물은 보통 사람으로 살아가는 데 불편하지 않을 정도만 있으면 된다는 생각이다. 둘째는 공부를 많이 한다는 점이다. 매일 책과 신문을 읽는다. 국내 자료뿐만 아니라 외국 문헌도 찾아서 열심히 읽는다. 문화예술에 대한 공부도 계속해 상당한 예술적 조예를 보인다. 현실과 미래에 대한 해박한 글로벌 지식이 뒷받침되는 여유로운 삶은 많은 사람으로부터 존경 받기에 충분한 것 같다.

가랑비 옷 젖듯, 공부는 나를 바꾼다

어제보다 나은 내가 되는 최선의 방법은 공부를 하는 것이다. 부모, 배우자, 졸업한 학교는 바꿀 수 없다. 그것들은 이미 결정된 것이다. 생물학적인 정체성이나 학벌은 바꿀 수 없지만, 그것들을 제외한 대부분은 바꿀 수 있다. 우리의 가치관, 삶의 방식, 직업 등은 공부를 통해 달라진다. 그 지긋지긋한 공부를 계속해야 한다니 벌써부터 한숨이 나올지 모르겠다. 학교 다니면서 하는 공부는 아무래도 재미있기가 힘들다.

나 역시 교수 시절 연구를 하고 논문을 써야 할 때는 공부가 재미있지만은 않았다. 반드시 해야 하니 묵묵히 해낸 것이다. 흥미가 있어서 시작한 공부였지만, 결과물에 대한 압박을 받으면 사실 도망가고 싶을 때도 있었다. 하지만 어느 순간 달라지기 시작했다. 스스로 하는 공부의 묘미를 알게 된 것이다. 그런 덕에 이제는 새로운 것을 알아가고 깨우치는 것이 가슴이 두근거릴 정도로 재미있다. 그래서 모처럼 긴 휴가가 생기면 두꺼운 책 여러 권을 탐독한다. 누가 시켜서 하는 것도 아니고 꼭 해야 한다는 강제성도 없으니 더 재미가 있는 건지도 모르겠다.

일본 메이지대학 사이토 다카시 교수는 《내가 공부하는 이유》에서 뭔가를 배우는 것을 '깊은 호흡'에 비유했다. 몸이 신선한 산소를 받아들이며 새로운 활력을 심장에 불어넣듯이 '호흡이 깊은 공부'는 새로운 지식으로 마음의 세포를 재생시켜, 지친 마음을 치유하고 더 나은 사람이 될 수 있다는 자신감을 불어넣어 준다는 것이다.

호흡이 짧은 공부가 단편적인 지식을 습득하는 것이라면 호흡이 긴 공부는 난제를 헤쳐나갈 지혜를 얻는 과정이다. 호흡이 긴 공부는 즉각적인 변화를 가져오지는 않는다. 철학 공부를 했다고 당장 도움이 되는 건 아니다. 하지만 어느 순간 결정적인 판단을 해야 할 때 기준이 되며, 그것이 바로 지혜의 본질이다. 우리 인생에는 여러 가지 일이 벌어진다. 뜻하지 않은 곳에서 이런 지혜가 빛을 발할 수 있다.

공부를 하는 사람과 하지 않는 사람은 처음에는 차이가 없어 보이지만 시간이 지나면 점점 격차가 난다. 오늘 신문을 읽은 사람과 읽지 않은 사람은 별 차이가 없다. 그러나 신문을 10년간 매일 읽은 사람과 그렇지 않은 사람은 생각 자체가 완전히 다르다.

10여 년 전, 한 회사의 미래기술연구회에 4년간 참여한 적이 있다. 회사 임원을 포함해 열다섯 명 정도가 한 달에 한 번 이른 아침에 만나 세미나를 듣고 토론하는 공부 모임이었다. 과학기술을 포함해 경제, 사회, 문화 등 다방면에 걸쳐 공부를 할 수 있었다. 처음 시작할 때는 차이를 몰랐다. 그런데 3년 정도 지나니 달라진 나를 발견할 수 있었다. 그 전에는 나의 전공에 대한 공부만 해왔다. 그런데 다른 분야를 몇 년 접하다 보니, 세상을 보는 눈이 변해 있었다. 가랑비에 옷이 젖는다는 말이 맞는 것 같다. 한 달에 한 번 세미나에 참석하는 정도로 무슨 영향을 받을까 싶을 것이다. 그러나 그 몇 시간이 쌓이면 어느 순간 놀라운 차이를 만들어낸다.

나를 바꿀 수 있는 유일한 방법, 평생 공부

어떤 공부를 해야 하는가. 간단하다. 내게 맞는 것을 선택하면 된다. 인문, 예술, 철학, 경영, 경제 어떤 것이든 상관없다. 외국어 공부도 유용할 듯하다. 언어는 나이 먹어서는 습득하기 쉽지 않다는 편견이 있지만, 언어를 배우는 것이야말로 새로운 세계에 발을 내딛는 근사한 일이다. 모든 언어는 문화와 밀접하게 연관이 되어 있다. 한 나라의 언어 안에는 그 나라 사람들의 역사가 담겨 있다. 그런 까닭에 어떤 단어들은 다른 나라 말로 정확히 번역하기 어렵다. 이런 것들을 배워가며 우리의 세계관은 획기적으로 확장된다. 앉아서 책만 보는 것이 공부는 아니다. 배우려고 들면 일상이 모두 배움터다. 특히 사람에게 배우는 것이 크다. 마음을 열면 누구에게든 배울 거리가 있다.

공부를 왜 해야 하는지 구구절절 늘어놓았는데 공부가 좋다는 것을 모르는 사람이 어디 있겠는가. 다만 실천이 어려울 뿐이다. 꾸준히 공부를 하려면 무엇보다 습관의 힘을 빌려야 한다. 이것은 시간관리 측면에서도 대단히 효과적이다. 공부를 습관의 영역에 들여놓으면 세월이 흐른 뒤에 놀라운 일이 벌어진다. 하루 30분 공부가 한 달이 되고 1년이 되고 10년이 되면 어느덧 전문가의 반열에 오르게 된다. 한편 규칙적으로 공부하는 삶은 대단한 자신감을 가져다준다. 시간을 제대로 통제했다는 것에 대한 자신감이다.

나는 매일 영어 공부를 하려고 노력한다. 간단하게 유튜브를 틀어놓고 영어 문장을 연습하는 식이다. 유튜브에는 공부할 수 있는 영상이 많다. 나는 수시로 그 영상들을 직접 따라해 보면서 감각을 유지하려고 노력한다. 대단한 공부는 아니지만 매일 하다 보니 나름 효과가 있다. 재미가 있지는 않다. 필요한 일이니까 꾸준히 하려고 하는 것이다.

건강한 사람이 다쳐서 병상에 몇 달만 누워 있어도 근육이 빠져서 걷기 어려워진다. 재활 훈련을 받아야 다시 걸을 수 있다. 영어도 마찬가지다. 영어에 관한 뇌세포 회로와 근육이 존재한다. 이것을 자주 사용해야 유지된다. 아무리 잘했어도 사용하지 않으면 없어진다.

성인이 된 나 자신을 바꾸고 싶은가? 나의 인생을 바꿀 수 있는 방법이 있는가? 나는 나를 바꾸는 유일한 방법은 공부라고 생각한다. 더 좋은 직업을 원하거나, 경력이 단절되었거나, 새로운 일에 도전하고 싶다거나, 현재 하는 일보다 더 나은 일을 하고 싶다면 대학원이든 평생교육원이든 문을 두드려야 한다. 이제 와서 뭘 바꿀 수 있을까 싶겠지만, 공부하는 사람에게는 어떤 변화든 가능하다.

우리의 인생엔
멈춤의 순간이 필요하다

주어진 일을 잘 처리하기 위해서는 적절한 휴식이 필요하다. 어쩌면 우리가 일을 제대로 할 수 있는 동력은 휴식을 통해 얻는 것인지 모른다. 레오나르도 다 빈치는 "짧은 일정일지라도 일을 떠난 휴식이 필요하다. 다시금 일에 대한 정확한 판단을 내릴 수 있기 때문이다. 일에 대한 과도한 집착은 정열만 탕진할 뿐이다"라고 말했다. 전기만 있으면 되는 기계도 잠깐 쉬어야 고장이 나지 않는다. 하물며 인간은 말할 것도 없다. 충분한 휴식 후에 다시 일에 몰두할 때 창의적이고 새로운 아이디어를 떠올릴 수 있다.

나무가 해거리를 하는 까닭

미국 건국의 기초를 다진 벤저민 프랭클린(Benjamin Fran-klin)은 시간관리의 중요성에 대해 강조했던 인물이다. 하루 24시간을 철저하게 계획하고 그에 맞춰 살았는데, 바로 그 유명한 '3-5-7-9 시간관리 법칙'을 강조했다. 하루 24시간 중 3시간은 독서, 연구 등 자기계발을 하는 시간, 5시간은 식사 포함 여가 취미 활동을 하는 데 보내는 시간, 7시간은 수면 시간, 9시간은 일을 하는 시간으로 정해 놓은 것이다.

다들 프랭클린이 1분 1초도 허투루 쓰지 않을 만큼 철저히 시간을 관리했다고 알고 있지만, 벤자민 프랭클린조차 스스로 세운 시간관리 법칙에 무려 5시간의 휴식 시간을 할애했다. 일 중독자로 살아갔다기보다는 나름의 균형을 지키며 살았던 것이다.

고속도로를 달리다 보면 일정한 거리마다 휴게소가 나온다. 자동차도, 운전을 하는 사람도 일정한 시간마다 쉬어야 안전하게 목적지에 도착할 수 있다. 쉬지 않고 계속 달린다면 정작 목적지에 다다랐을 때 지나치게 피곤한 상태가 되어 아무것도 할 수 없게 된다. 짧은 시간이라도 단잠을 자고 나면 컨디션이 회복되듯 짧은 휴식이라도 밀도 있게 보낸다면 우리의 정서는

나무가 더 풍성한 열매를 맺기 위해
아무 일도 하지 않고 한 해를 쉬듯,
우리 인생에도 해거리가 필요하다.
쉼표를 제대로 찍을 수 없다면, 마침표도 찍을 수 없다.

충분히 환기된다.

인간보다 훨씬 오래 전부터 지구상에 자리 잡은 나무는 어느 순간 '해거리'를 한다. 딱히 영양이 부족한 것도 아니고 병충해를 입은 것도 아닌데, 어느 해에는 아무리 기다려도 꽃도 피우지 않고 열매도 제대로 맺지 않는 것이다. 도대체 나무는 왜 해거리를 할까.

여러 해에 걸쳐 거듭 열매를 맺기 위해 힘을 쏟다 보면 나무도 기력이 다한다. 큰 열매 하나를 맺으려면 수십 개의 잎사귀에 들어가는 영양분이 필요한데, 매년 열매를 키우는 데 힘을 쏟으면 나무의 체력도 한계치에 이른다. 상태가 나빠졌는데도 다시 열매를 맺으려고 하면 나무의 생명력은 다할 수밖에 없다.

그래서 나무는 결단을 내리는 것이다. 살아남기 위해 열매 맺기를 포기하고 모든 활동을 중지한 채, 철저하게 휴식을 취하기로 말이다. 아무것도 하지 않고 오로지 쉼 자체에 집중하면서, 쇠약해진 기관들과 뿌리의 전열을 가다듬고 온전하게 휴식을 갖는다. 그렇게 온전히 1년을 보낸 다음 해, 이전과는 비교할 수 없을 만큼 풍성한 열매를 맺는다.

나 자신에게 어떤 휴식을 주고 있는가

나에게는 가족과 보내는 시간이 가장 행복한 휴식 시간이다. 대외적으로 내가 없어서는 안될 사안을 제외하고는 가족 모임이 1순위다. 가족들과 식탁에 둘러앉아 이야기를 나누는 시간은 나에게 몹시 중요하다. 자녀들이 집에 오면 몇 시간씩 수다를 떨 때도 있다. 특별한 이야기를 하는 건 아니고 그냥 일상생활을 나눈다. 요새 하는 일은 어떤지, 어린 시절 친하게 지내던 친구의 근황은 어떤지, 요새 재미있게 본 영화가 뭐가 있는지, 말 그대로 시시콜콜한 이야기다.

나도 그렇고 자녀들과 아내도 그렇고 그 시간이 서로에게 참힘이 된다. 아이들이 어릴 적, 졸업식이나 입학식에 가서 카메라 셔터를 누르거나, 생일날 케이크를 사들고 들어오지는 못했다. 워낙 많은 일을 벌려 놓은 데다, 뭐든 한 번 시작하면 열심히 하는 편이니 시간을 내기가 쉽지 않았다. 하지만 인생에 있어 우선순위는 언제나 가족이었다. 그걸 입 밖에 내어 이야기한 적은 없지만 내 마음을 알아줄 것이라고 믿는다. 시간 날때마다 얼굴을 맞대고 교감하던 순간들이 쌓여 그런 믿음을 준 것이다. 복잡한 일을 잠시 접어두고 가족들과 즐거운 시간을 보내다 보면 어느덧 일터로 돌아갈 힘이 생긴다.

새로운 것을 생각해내려면 숨돌릴 '틈'이 필요하다. 그래야 새로운 생각을 하게 되고, 그렇게 세상에 없는 것을 시작해야 세계 일류가 된다.

그런 의미에서 나는 예술의 가장 큰 미덕은 일상의 탈출이라 생각한다. 나는 예술의 힘을 빌어서, 연구에 몰입하는 우리 학생들이 잠시나마 일상을 멈추도록 하고 싶다. 그래서 미술관을 건축하고, 세계적인 성악가 조수미 소프라노를 초빙석학교수로 모셨다.

당신에게는 어떤 휴식 시간이 있는가. 일상을 탈출할 만한 시간이 과연 있는가. 그렇지 않다면 이제부터라도 온전히 쉬는 시간을 가져보자. 휴식을 통해 무언가를 얻으려 하지 말고 그저 마음을 비우고 에너지를 채우는 시간을 보내기를 바란다. 우리는 휴식을 동경하면서도 흡사 휴식하는 것이 게으름을 피우는 것처럼 느껴져 죄책감을 가지기도 한다. 나에게 주어진 시간을 제대로 활용하지 못하고 낭비하는 것 같은 느낌에 시달린다. 하지만 휴식은 낭비가 아니다. 휴식은 효율적인 생산을 위한 준비 단계다. 나무의 해거리처럼 말이다.

남에게 배풀 줄 아는
사람이 성공한다

서로의 입장을 이해하고
상대에게 정말 필요한 것이 무엇인지 마음을 열고 알아가는 것,
상대를 위한 일이라면 기꺼이 나를 변화할 수 있다는 태도.
이것이 소통의 본질이 아닐까 싶다.
상대의 마음을 이해하고 내 마음을 상대방이 알아준다고 생각할 때
비로소 신뢰가 쌓이고 관계에는 힘이 생긴다.
아무리 지치고 힘든 일이 있어도
꿋꿋하게 이겨낼 에너지를 이런 관계를 통해 얻게 된다.

사람을 얻는 10년짜리 계산법

나의 어머니는 다른 사람과 이해관계가 걸린 일을 할 때 "'내가 손해를 보는 듯하라"라고 당부하곤 하셨다. 어릴 적 어머니는 동네 사람들에게 실제로 많이 베풀며 살았다. 덕분에 나는 어머니 심부름으로 이웃에 음식을 자주 나르곤 했다. 접시 가득 넉넉하게 음식을 나누어주었지만, 꼭 우리집에 그만큼 돌아오는 것은 아니었다. 그런데도 어머니는 전혀 아랑곳하지 않고 이후에도 또 음식 심부름을 시켰다. 어릴 때는 이유를 잘 몰랐으나 자라면서 어머니의 그 넓은 마음을 깨닫게 되었다.

내가 먼저 남에게 도움이 되는 존재가 되어야

예전 어머니가 보여준 모습 덕에 나 역시 다른 사람에게 잘 해주려고 노력한다. 하나를 요구하면 둘 셋을 해준다. 누군가 와 같이 일을 할 때는 전폭적으로 도와주려고 한다. 이왕 하는 거 상대방이 깜짝 놀라도록 최선을 다해 도와주는 것이다.

만일 100을 나눠 가져야 한다면 상대방에게 60을 주고 나는 40만 갖는다. 그 정도의 생각으로 나누어야 상대방은 공평하다고 생각한다. 만일 상대방에게 호의적인 느낌을 주고 싶다면 최소한 70은 내주어야 한다. 그쯤 되면 상대방은 60 정도를 받았다고 생각할 것이다. 사람은 모두 자기중심적으로 생각하므로 내가 조금 손해 본 것같이 나눠야 상대방은 공평하다고 여긴다.

이런 계산법은 지금 당장은 내가 손해인 듯 보여도 장기적으로는 절대 손해가 아니다. 남을 도울수록 관계는 더욱 돈독해지기에 결국엔 이익을 보게 된다. 그들은 나중에 나에게 어려움이 닥쳤을 때 도움을 줄 것이다. 나 혼자서는 절대 할 수 없는 일을 그들의 도움으로 이룰 수도 있다. 이전에 베푼 것들이 훗날 이자까지 달고 되돌아오는 것이다.

인간은 기본적으로 이기적인 동물이다. 자기 자신을 보호하고 종족을 지키는 본능을 가지고 태어났다. 인간이 사회생활을 하게 된 동기도 단순하다. 다른 사람들과 모여 사는 게 이롭기 때문이다. 인간은 자신에게 이로운 사람과 함께하고 싶어하고, 도움이 안 되는 사람은 멀리하려 한다. 상대방으로부터 자기 잇속만 챙기려는 느낌을 받으면 본능적으로 경계를 하게 된다. 그러므로 다른 사람과 잘 지내기 위해서는 내가 먼저 상대방에게 도움이 되는 존재가 되어야 한다. 그래야 상대방도 나를 가까이 하려 하고, 내가 필요할 때 도움을 청할 수 있다.

세상은 자기 잇속을 먼저 챙기려는 사람들로 가득하다. 그들이 나쁜 것이 아니라 인간 본성이 원래 그렇다. 이런 세상에서 사심 없이 다른 사람을 돕는 사람은 상대적으로 유리한 위치에 서게 된다. 누구든 자기를 도와주려는 사람에게 호감을 갖고 함께 일하고 싶어할 것이다.

나는 총장에 취임하면서 하루에 1억 원씩 기부금을 모으겠다고 선언했다. 다행히 현재까지는 목표를 상회하는 실적을 올리고 있다. 대단한 비결은 없다. 기부금의 상당 부분은 과거 인연이 있던 곳에서 오고 있다. 과거에 형성된 좋은 관계가 기부로 돌아오고 있는 것이다.

대가를 바라려거든 10년 뒤를 생각한다

작년에 한 대학 병원에서 각종 의료 샘플의 데이터 분석을 같이 연구해줄 수 있냐는 제안을 받았다. 본인들이 갖추지 못한 전문 기술이 필요한 작업이어서 카이스트에 연락한 것이다. 같이 작업할 여유가 있는 건 아니었지만 우리는 흔쾌히 제안을 수락했다. 병원 측에서는 카이스트가 연구에 동참해준다고 하니 상당히 고마워했다.

보통 그런 연구는 단발성으로 그치는 경우가 많다. 하지만 나는 그런 협업 관계가 장기적으로 서로에게 상당히 도움이 될 거라고 생각했다. 그래서 이번 연구가 끝난 후 다음 연구는 무엇을 같이 하면 좋을지, 정기적으로 만나 의논하자고 내가 먼저 제안했다. 상대편에서는 뜻밖의 제안에 반색하며 팀을 꾸렸다. 양쪽에서 대여섯 명씩의 인원을 꾸려서 몇 달을 계속 논의한 결과, '버추얼 호스피털(Virtual Hospital)'이라는 새로운 아이디어가 나왔다. '버추얼 호스피털'은 10개 병원과 카이스트가 공동으로 연구하는 시스템이다. 카이스트가 각종 데이터를 분석하는 소프트웨어를 제공하니 병원으로서도 좋은 일이고, 임상 병원이 없는 카이스트 역시 병원 운영에 들어가는 각종 수고를 들이지 않고 바이오데이터를 연구할 수 있는 기회가 생긴 것이다.

이렇게 짧은 시간 안에 베풂의 대가가 돌아오기도 하지만, 모든 관계에 보상을 기대하는 것은 바람직하지 않다. 제일 좋은 것은 베풀고 잊는 것이다. 내가 손해를 볼 수도 있다고 생각하는 것이 마음 편하다. 많이 베푼다고 해서 내 것이 사라지는 것은 아니다. 오히려 사람들을 효과적으로 도와주었을 때 나 역시 정서적인 만족감을 얻을 수 있다.

현재의 시점에서 이익을 가지려고 들면 이기적이라고 치부된다. 그런데 내 이익을 지금 당장은 양보한다면 어떨까. 이런 상황을 사람들은 '이타적'이라고 표현한다. 내 이익이 1년 후에 돌아올지 10년 후에 돌아올지는 모르지만 결국에는 다 돌아온다. 어떤 회사에 자문을 해주면서 '자문료를 얼마나 주려나?' 하고 대가를 바라면 그런 관계는 오래가지 못한다.

이 10년짜리 계산법을 갖고 임하면 무슨 일을 하든 신뢰의 관계로 발전한다. 나에게만 좋은 일은 세상에 없다. 나 혼자 할 수 있는 일도 없다. 결국 우리는 같이 살아야 하고 서로에게 좋은 일을 하며 살아야 한다. 누군가를 만나면 '저 사람이 나를 위해 무엇을 해줄까'가 아니라 '내가 그 사람을 위해 무엇을 해줄까'를 먼저 생각해보자. 그것이 결국 나를 위한 일이 된다.

입학식에서 중퇴를 말하는 총장

몇십 년간 수많은 사람을 대하면서 깨달은 것이 두 가지가 있다. 하나는 나는 상대를 다 알지 못하며, 상대는 나와 다르다는 것이다. 오랜 시간 같이 지냈다고 상대를 잘 아는 것은 아니다. 가족을 떠올려보자. 매일 한 지붕 아래서 같은 밥을 먹으며 사는 가족끼리도 온전히 다 알지는 못한다. 또 하나는 상대는 나보다 똑똑하기에 내 마음을 이미 꿰뚫고 있다는 것이다. 사심을 갖고 대하거나 얕은 수를 쓰려고 하면 상대방은 금세 알아차린다.

말 못하는 강아지도 누가 자기를 좋아하는지 알아채고, 집안의 서열도 가려낸다. 사람은 말할 것도 없다. 만일 내가 상대방에게 나쁜 감정이 있으면, 결국 드러나게 마련이다. 그러니 애초에 나쁜 마음을 갖지 말아야 한다. 반대로 진심을 다한다면 상대방도 그것을 느낄 것이다.

대립 프레임으로 해결되는 건 없다

총장에 취임하면서 학생들과의 소통을 위해 '첫화사'라는 간담회를 열었다. '매달 첫 번째 화요일 네 시'의 줄임말로 한 달에 한 번씩 학생들과 학내 경영진이 직접 만나, 학교의 여러 가지 일에 대해 허심탄회하게 이야기를 나누는 자리다. 학생들이 총장에게 하고 싶은 말을 자유롭게 털어놓는 자리라고 생각하면 맞을 듯하다. '카이스트가 대한민국의 과학과 공학을 선도하려면 어떻게 해야 하나' 같은 카이스트의 비전을 묻는 학생이 있는가 하면 열악한 기숙사 환경에 대해 불편을 호소하는 학생도 있었다.

그런데 뜻하지 않은 이야기가 나왔다. 취임식에서 학생들에게 전공 공부를 10퍼센트 덜하고 다른 것들을 하라고 일렀는데, 한 학생이 그러면 전공 필수 이수 학점을 10퍼센트 줄여주는 것이냐고 돌발 질문을 던진 것이다. 내 의도는 공부 외에 다른 것들을 조금 더 경험하게 하려는 것이었는데 학생들은 현실적인 문제, 즉 성적에 대한 압박에 시달리다 보니 전혀 다른 관점으로 해석한 것이다.

소통에서 가장 중요한 건 상대방이 내 의견에 반대하거나 예상치 않은 이야기를 꺼낼 때의 태도다. 내 뜻에 반기를 들거나 뜻하지 않은 사안이 화제에 오르면, 마음에 방어벽이 쳐진다. 상대방과 나를 나누는 이분법적 프레임이 설정되는 것이다.

이런 상황을 해결할 현명한 방법은 대립의 프레임이 아닌 '제3의 프레임'으로 바라보는 것이다. 다양한 의견이 나오는 것은 굉장히 바람직한 일이다, 이 다양한 의견을 토대로 우리는 새로운 시각을 가질 수 있다.

'나'도 아니고 '너'도 아닌

나는 제3의 프레임을 통해 학생들의 마음을 더 깊이 이해하게 되었다. 생각이 다른 부분을 새로운 관점에서 조율해볼 수도 있게 되었다. 더 근본적으로 학생들을 위해서 어떤 일을 하면 좋을까 생각할 수 있는 계기를 얻었다.

의미 없는 학칙을 수정하기도 했다. 한 학생이 창업으로 인해 휴학하게 될 경우에는 휴학 기간을 연장해주면 좋겠다는 이야기를 꺼냈다. 카이스트에서는 최대 2년간 휴학이 가능하고, 이후 학교로 돌아오지 않으면 제적이 된다. 그런데 실제 창업을 하고 보면 2년 안에 복학하기가 어렵다. 재입학이 가능하다고는 해도 제적되는 것과 휴학 상태인 것은 마음가짐부터가 다르다.

학생들의 얘기를 듣고 보직교수들과 협의했다. "왜 휴학 기간을 2년으로 제한했을까요?" 내 물음에 아무도 대답하지 못했다. 옛날에 학생 명단을 서류로 보관할 때, 관리가 어려워 그런 제한을 만들었을 것이라는 추측이 유일한 가설이었다. 휴학 기간을 늘려주면 안 되는 이유도 찾아봤다. 아무도 이유를 찾지 못했다. 아예 휴학 기간 제한을 없애버렸다.

올해 입학식에서 나는 "교육의 가장 중요한 기능은 학생들이 꿈을 찾게 도와주는 것입니다. 가슴이 뛰는 꿈을 찾았으면 휴학을 하고 그 길로 나가도 됩니다"라고 말했다. 그리고 10년, 20년 후에 돌아와도 된다고 덧붙였다. 하는 일이 너무 재미있으면 돌아오지 않아도 된다고도 했다. 입학식에서 중퇴를 말하는 총장이 이상하게 보이겠지만, 학생들을 기존의 틀에 묶어두는 건 그들의 앞날에 도움이 되지 않는다고 생각한다.

서로의 입장을 이해하고 상대에게 정말 필요한 것이 무엇인지 마음을 열고 알아가는 것, 서로 잘 알기 위해서라면 기꺼이 나를 변화할 수 있다는 태도, 이것이 소통의 본질이 아닐까 싶다. 진심을 다한 소통만이 공감대를 형성하게 한다. 내가 상대방의 마음을 이해하고, 상대방도 내 마음을 알아준다고 생각할 때 비로소 신뢰가 쌓이고 관계에 힘이 생긴다.

진정한 소통을 위해서는 상대방과 다름을 인정하고 언제든 내 시각을 수정할 줄 알아야 한다. '다를 수도 있음'이 아닌 '정말 많이 다름'을 전제로 다양한 차이를 마음껏 즐기는 것은 어떨까.

지혜는 듣는 데서 오고,
후회는 말하는 데서 온다

주변을 둘러보면 유독 대인관계가 좋고, 사람들 사이에서 인기가 많은 이가 있다. 화려한 언변을 구사하거나 유머 감각이 뛰어나 주변을 유쾌하게 해주는 사람들은 당연히 인기가 있겠지만, 조용하고 별다르게 눈에 띄는 점이 없는데도 사람들에게 호감을 주는 부류가 있다. 바로 타인의 이야기에 진심으로 귀를 기울이는 사람들이다.

타인의 말을 잘 듣기만 해도 상대방과 신뢰 관계를 형성할 수 있고, 상대방으로 하여금 존중받고 있다는 느낌을 전해줄 수 있다.

한 번 말하고 두 번 듣기

오랜 시간 협상 테이블에 앉으면서 깨달은 대화의 법칙이 있다. 대화를 잘하는 사람은 말을 많이 하는 사람이 아니라 남의 말을 잘 들어주는 사람이라는 것이다. 경청은 소통의 기본이자, 가장 중요한 덕목이다.

대화를 나누다보면 상대방의 말을 기다리기보다 자기 말을 하기 급급한 사람이 있다. 소통에 있어 '말하기'가 중요하다고 여길 수 있지만, 타인의 이야기에 귀 기울이는 '듣기'가 훨씬 더 중요하다. 말하는 것은 적극적이고 듣는 것은 수동적이라고 생각할지 모르지만, 실제로는 듣는 것이 훨씬 더 적극적인 소통법이다. 우리는 상대방의 이야기를 들을 때 비로소 그 사람의 입장에 대해 구체적으로 이해하게 된다. 그 사람이 지금 어떤 감정을 느끼는지 그려보게 되는 것이다. 공감으로부터 우리는 진정한 소통을 시작하게 된다.

가만 생각해보면 나는 애초부터 남들 앞에서 이야기를 잘하는 편이 아니었다. 학창 시절을 생각해보면 특히 그렇다. 따뜻한 우정을 나눈 친구들은 꽤 있었지만, 뛰어난 언변으로 친구들을 휘어잡거나 즐겁게 해주지는 못했다. 단 하나, 나는 다른 사람의 이야기를 굉장히 잘 들어주었다. 그냥 듣는 것과 열심히 듣는 것은 다르다. 그냥 들으면, 듣고 싶은 말만 듣게 된다. 어떤 정보를 받아들일 때 내 프레임에 맞춰서 필요한 것만 받아들이는 것이다. 이렇게 들으면 상대방의 진심은 왜곡되고 만다. 이미 판단을 끝냈으니 상대방의 이야기를 끝까지 듣기가 지루하다. 결국 상대방의 말을 가로채게 된다.

열심히 듣는다는 것은 정확히 이 반대 지점이다. 상대의 이야기를 온 마음으로 듣고, 혹시 내가 잘못 이해한 것이 없나 최대한 조심스러운 태도를 유지한다. 중간에 말을 끊는 일은 일어나지 않는다.

가만히 귀만 열어놓고 있는 듯 보이지만 이 두 태도 사이에는 엄청난 차이가 있다. 나는 과연 상대방의 말을 어떻게 들어주는지 살펴볼 필요가 있다. 몇 마디 말보다 진지한 경청이 소통에 훨씬 더 큰 힘을 발휘한다.

설득보다 지지가 먼저다

대화를 나눌 때는 흐름을 잘 읽고 그 안에서 균형을 잡아가야 한다. 욕심을 부려 대화의 주제를 자기중심으로 가져오려고 해서는 안 된다. 자기 이야기를 하기 바쁜 사람은 상대방의 말에 귀를 기울일 틈이 없다. 상대방이 말하는 동안, 자신이 해야 할 말을 생각하는 데 온 신경을 쏟는다. 물론 말하고 싶은 욕구를 억제하는 것은 쉬운 일은 아니다. 이것은 분명 훈련이 필요한 일이다.

19세기 의학자이자 문필가인 올리버 웬들 홈스(Oliver Wendell Holmes)는 "말하는 것은 지식의 영역이며 경청은 지혜의 특권이다"라고 했다. 다른 사람의 이야기를 잘 들어주는 건 나의 생각을 잠시 접어두고 상대방의 마음을 이해하기 위해 온전히 노력하는 것이다. 상대방이 무엇을 느끼는지, 어떤 생각을 하는지 온전하게 알기 위해 마음을 쓰는 것이기도 하다. 또한 상대에 대해 확실한 지지를 표하는 가장 좋은 방법이다.

갈등에 대처하는 자세
-기다림의 미학

살다 보면 소통이 잘되지 않는 경험을 종종 하게 된다. 하다 못해 점심 메뉴를 선택하는 데도 의견이 다를 수 있다. 물론 이런 사소한 것들은 누군가 간단하게 양보하면 그만이다. 서로 의견이 다르면 다양성이라 생각하고 즐겁게 받아들이면 된다. 문제는 조직에서 중요한 일을 추진해 나가야 하는데 의견이 맞지 않는 경우다.

내 오랜 경험에서 보자면 상대의 생각을 일단 인정하는 자세가 필요하다. 서로 차이가 있음을 인정한 후에, '그다음'을 생각해야 한다.

시간의 힘은 생각보다 세다

한쪽에서는 중대하게 여기는 프로젝트인데 다른 한편에서는 반대를 하고 나서면 보통 심각한 일이 아니다. 그럴 때는 일단 숨을 돌리고 기다릴 줄도 알아야 한다. '언젠가는 저 사람의 생각이 변할 수 있고 나도 변할 수 있다.' 이런 생각을 하면서 말이다. 불통이 소통으로 전환되는 데는 적잖은 시간이 필요하다. 1년이 걸릴 수도 있고 3년이 걸릴 수도 있다. 우리에게 필요한 건 그 시간을 견디는 기다림의 자세다.

기다림엔 상대에 대한 배려가 담겨 있다. 그 사람이 말하고자 하는 본질은 무엇인지, 나와 왜 다른지 이해하기 위해 많은 노력을 기울인다. 그 과정에서 경직되어 있던 내 마음에도 유연함이 깃들고, 상대를 대하는 방식도 달라진다. 믿음을 가지면 언제까지라도 기다릴 수 있다. 시간이 지나면 나도 변하고 상대방도 변하며 그에 따라 세상도 변한다는 믿음이다. 그 시간 동안 지치지만 않으면 된다. 진심은 언젠가 통할 것이고 나의 강력한 의지는 상대방의 마음을 움직일 수 있을 테니 말이다.

나는 그동안 학교 내에서 학과를 신설하는 등 여러 일을 추진하며 사람들과 갈등을 겪었다. 대학에서 학과를 신설하는 일은 상당히 큰 갈등을 유발한다. 의견 차이 때문에 많은 고생을 했다. 그때마다 나의 해결책은 한 걸음 뒤로 물러나는 것이었다. 시간을 두고 생각하는 것이다. 시간이 흐른 후에는 서로 감정도 누그러지고 생각도 바뀌어 새로운 대화가 가능해지는 경우가 여러 차례 있었다.

불편할수록 먼저 찾아가간다

나는 하루에도 수십 명을 만난다. 과거에는 소심한 성격이었고 남들 앞에서 말도 잘 못했지만 지금은 많이 달라졌다. 달변가라고는 할 수 없지만 하고 싶은 말을 못 하는 일은 없다. 사람들을 만나 내 꿈과 카이스트의 비전을 설명하는 것, 우리나라 과학 기술 발전에 대해 이야기하는 것은 한편으로 굉장히 신이 나는 일이기도 하다.

하지만 직업상 만나고 싶은 사람뿐 아니라 대하기 조금 껄끄러운 사람도 만나야 하는 경우가 종종 생긴다. 인간적으로 사이가 안 좋다기보다, 뭔가 아쉬운 이야기를 꺼내야 하니 만나기 껄끄러운 것이다. 아니면 어떤 갈등이 예고되는 자리여서 불편할 때도 있다. 아마 대부분 나와 비슷할 것이다. 만나고 싶은 사람만 만날 수 있는 사람이 과연 세상에 몇이나 되겠는가. 살다 보면 잘 통하지 않는 사람도 만나야 하고, 가서 아쉬운 소리도 해야 한다. 소통은 상호적인 것이다. 상대방과 통하지 않는다고 답답해할 것이 아니라, 나는 그 소통을 위해 어떤 노력을 했나 살펴야 한다.

나는 불편한 자리가 예상되면, 사안이 구체적인 윤곽을 드러내기 전에 미리 당사자를 찾아가 만난다. 우호적인 소통을 사전에 준비하는 것이다. 일을 해결하는 데 결정적인 도움이 되지 않더라도, 최소한 사안이 악화하는 것은 막을 수 있다. 갈등이 있을 것 같다는 생각이 들 때에도, 그 사람이 나를 찾기 전에 먼저 가서 운을 뗀다. 자세를 확 낮추고 말이다. 불편한 사람일수록 더 열심히 만나야 한다는 게 나의 원칙이다. 불편함을 계속 안고 가면 좋을 일이 없다. 무턱대고 피하다 보면 갈등만 커질 뿐, 해결에는 하나도 도움이 되지 않는다. 매도 먼저 맞는 것이 나은 것처럼 어려운 소통도 미리 하는 것이 낫다.

나는 일을 추진하는 과정에서 소통이 잘 되지 않을 때는 어떻게든 잘 참고 일이 해결되기 위해 노력하지만, 간혹 감정 표현을 할 때도 있다. 특히 윤리적으로나 도덕적으로 올바르지 않은 일에는 간단하지만 단호하게 화를 표현한다. 예전에는 어떠한 경우에도 화를 내면 안 된다고 생각했다. 그래서 화를

내지 않기 위해 굉장히 노력했고, 어쩌다 화를 내면 많이 후회
했다. 그런데 지금은 생각이 조금 바뀌었다. 적절하게 감정 표
현을 하는 것도 건강한 소통이 될 수 있고 생각한다. 그래야 상
대방이 나를 잘 알 수 있고, 자신의 말과 행동을 되돌아볼 수
있을 테니 말이다.

누군가의 이야기를 마음을 다해 들어주는 것은
우리가 상대방에게 보여줄 수 있는 최고의 찬사다.
가능한 한 말하는 사람의 마음속으로 빠져들어 보자.
사람의 마음을 얻는 건 생각만큼 어려운 일이 아니다.

나도 바꾸고,
세상도 바꿀 수 있다는
사실을 기억하기를

책을 마무리하는 시점에 이게 무슨 이상한 기분인지 모르겠다. 몇 달 동안 씨름한 원고가 어떤 모습으로 세상에 태어날지 흥분된 마음으로 기다려야 할 시점에 걱정을 하고 있다.

우리의 인생은 사람의 숫자만큼 다양한 빛깔을 가지고 있다고 생각한다. 좋은 사람이라 하여 그 인생 전체가 좋은 것이 아니고, 나쁜 사람이라 하여 전부가 그런 것도 아니다. 좋은 면이나 나쁜 면이 좀 더 많다는 뜻일 것이다. 그런데 내가 나서서 대단한 사람인 양 이래야 한다, 저래야 한다, 말하는 건 어쭙잖은 일이라 생각한다.

작년에 총장에 취임하고 주위 사람들이 나의 삶에 관심을 보이기 시작했다. 주로 좋은 경험을 말하다 보니, 대단한 인생처럼 보였던 것 같다. 그러던 중 젊은이들에게 도움이 될 만한 내 생각들을 책으로 내어달라는 제안을 받았다. 생각지도 않았던 일이라 며칠 생각을 했다. 그러곤, 써보겠다고 결정내렸다. '젊은이들을 위한 책'이라는 말이 귓가를 떠나지 않아서였다. 덕분에 오늘 이 순간, 기뻐할 일인지 후회할 일인지 모를 묘한 기분으로 탈고하는 순간을 맞고 있는 것이다.

나는 이 시대의 가장 큰 문제가 역동성의 부재에서 비롯한다고 생각한다. 앞을 향해 나아가야 하는데 움직이지 않는다. 도전도 하지 않는다. 특히 젊은이들이 현실의 벽에 부딪혀 스스로 희망을 놓고 있다. 이제는 일상어가 된 N포세대니 헬조선이니 하는 말도 젊은이들의 마음을 대변하는 것이라 생각한다. 사실 젊은이들 입장에서 보면 충분히 그럴 것 같다. 나라의 성장세는 갈수록 둔화되고 있고 일자리 부족이 심각하다. 이는 분명 기성세대의 책임이다. 활기를 되찾을 수 있도록 성장엔진을 다시 점화시켜야 한다.

한편 젊은이들도 해야 할 일이 있다. 조금이라도 세상을 긍정적으로 보면서 나와 세상을 움직이는 근원적인 원리를 이해하는 것이다. 나는 자연과학자로서 사물의 중요성을 인정하지만, 관념론에 무게를 두고 있다. 나의 관념이 나와 세상을 만들어간다는 생각이다. 지금의 세상은 과거 우리 인간이 생각하고 추진한 것들의 결과물이고, 미래 세상도 현재 우리가 생각하고 믿는 바에 따라서 형성된다고 믿는다. 관념론은 18세기에 출현한 사상이지만, 21세기 뇌과학의 관점에서 되짚어봐도 타당한 주장이다. 그래서 내가 이 책을 읽는 사람들에게 전하고 싶은 말은 딱 이렇게 요약된다.

"인간의 뇌는 유연하고 항상 변한다."
"우리는 언제든지 뇌를 변화시킬 수 있다."
"내 인생을 결정하는 건 결국 나의 뇌."
"뇌를 바꿀 수 있기 때문에 나의 인생도 바꿀 수 있다."
"뜻이 있으면 나의 인생을 바꿀 수 있다."

굳게 결심하면, 나도 바꾸고 세상도 바꿀 수 있다고 생각해주었으면 좋겠다. 그래서 모든 젊은이들이 꿈을 찾고 목표한 바를 이루었으면 좋겠다. 그것이 다시 '다이나믹 코리아'로 이어진다면 더 바랄 것이 없을 것이다.

별 대단한 삶도 아닌데 그럴싸하게 포장만 해 공연히 종이자원만 허비하는 건 아닌가 싶어서 마지막 순간까지 근심이 된다. 부디 이 책에 대한 허물을 너그러이 이해해주기 바란다.

책의 제목을 본 순간부터 확 이끌렸다. 평소 내가 마음에 두고, 주변 사람들에게도 곧잘 하는 바로 그 말이 떠올라서다. "훌륭한 삶을 살려면 먼저 내 안의 반짝이는 별을 찾아야 해요. 그리고 그 별이 수많은 별 중 하나라는 걸, 내 별이 소중한 만큼 다른 사람의 별도 아름답고 소중하다는 걸 알아야 하죠." 인생은 우리가 어떤 꿈을 꾸고 좇아가느냐에 따라 달라진다. 별은 곧 나 자신이자 내가 꾸는 꿈이다. "가슴 속에 꿈을 품고 있으면, 기회가 보이고 잡을 수 있다"는 저자의 말처럼, 현실의 어려움 앞에서도 용기를 내 꿈을 좇는 많은 사람들에게 이 책이 큰 응원이 되리라 믿는다.

— 김봉진 | 배달의민족 창업자, (주)우아한형제들 의장

미래 세대를 위한 교육의 핵심은 '대체 불가능한 인재'로 길러

내는 것이다. 자신만의 개성과 능력을 자유롭게 발휘하며 지
적 즐거움을 만끽하고 평생 학습의 태도를 갖게 해, 저마다의
방식으로 성장하고 세상에 기여하며 행복하게 살게 하는 것이
목표다. 최근 KAIST는 대체 불가능한 창의적인 리더를 키우기
위해 혁신적인 변화를 겪고 있다. 그 변화의 중심에 이광형 총
장이 있다. 50년의 비전을 만들고 우리 모두를 이 거대한 혁신
에 동참하게 만드는 그의 리더십은 그가 생각과 말, 행동이 한
결같은 삶을 살아왔기 때문에 가능하다. 그는 가장 도전적이
고 독창적인 생각들을 세상에 쏟아냈고, 그것을 온 인생에서
행동하고 실천하며 살아왔다. 이 책에는 그 리더십의 씨앗들
이 고스란히 담겨 있다.

－정재승 | 뇌과학자

스마트폰을 손에 쥔 인류는 현실과 디지털 세계가 혼재된 메
타버스 세상으로 삶의 터전을 옮겼다. 그러는 사이 사회생태
계 전체가 변화하는 디지털 대전환으로 뉴노멀의 시대가 찾아
왔다. 이제 오래된 법칙에 갇혀 정형화된 지식을 암기하는 것
만으로 자신의 미래를 준비하는 시대는 끝났다. 청년이라면
새로운 지식을 기반으로 세상을 상상하고 미래를 창조해야 한
다. 이 책 속에는 미래를 창조하는 별들을 길러낸 선각자의 지

혜가 가득하다. 어디로 가야 할지 고민하는 이들이라면 꼭 읽어볼 만한 미래 길라잡이 안내서다.

- 최재붕 | 성균관대학교 기계공학부 교수

학창 시절 이광형 총장님을 만난 것은 내 인생 최고의 선물 중 하나였다. 대학원 입학 후 어느 연구실로 갈까 고민할 때, 대부분의 연구실은 어떤 연구를 한다고 설명했지만, 이광형 교수님은 자기 연구실에 와서, 네가 하고 싶은 것을 하라고 말해주셨고, 실제 그렇게 7년을 보냈다. 교수님이 깔아주신 운동장에서 마음껏 뜻을 펼치며, 내 꿈을 명확하게 만들어준 수많은 조언과 지원을 얻지 못했더라면, 지금의 나를 상상할 수 없을 것이다. 독자 여러분들이 나처럼 7년의 경험을 똑같이 가질 수는 없겠지만, 어디로 어떻게 갈 것인지를 결정하는 데 이 책이 큰 도움이 되리라 확신한다. 이 책은 분명 여러분 인생에 큰 선물이 될 것이다.

- 김영달 | 아이디스그룹 대표

카이스트에 방문했다가 거위 가족을 만나서 진심 감탄했던 적이 있다. 거위 가족들로 카이스트를 따뜻하게 만드는 이런 멋진 생각을 누가 했을까 궁금해서 알아보니, 현직 총장님이라고 해서 더 놀랐다. 이 책은 이처럼 항상 남다른 생각을 하는 괴짜 교수님의 인생 철학이 담겨 있다. 자기만의 인생을 살고 싶은 청춘들을 위한 필독서로 추천한다.

— 임정욱 | TBT 공동대표

우리는 모두 각자의 별에서 빛난다

꿈을 키워주는 사람 이광형 총장의 열두 번의 인생 수업

초판 1쇄 2022년 4월 15일
초판 2쇄 2022년 4월 20일

지은이 | 이광형

발행인 | 문태진
본부장 | 서금선
책임편집 | 한성수   편집1팀 | 한성수 송현경 박지영

기획편집팀 | 임은선 허문선 이보람 정희경   저작권팀 | 정선주
마케팅팀 | 김동준 이재성 문무현 김혜민 김은지 이선호 조용환 박수현   디자인팀 | 김현철
경영지원팀 | 노강희 윤현성 정헌준 조샘 최지은 조희연 김기현 이하늘
강연팀 | 장진항 조은빛 강유정 신유리 김수연

펴낸곳 | ㈜인플루엔셜
출판신고 | 2012년 5월 18일 제300-2012-1043호
주소 | (06619) 서울특별시 서초구 서초대로 398 BNK디지털타워 11층
전화 | 02)720-1034(기획편집) 02)720-1024(마케팅) 02)720-1042(강연섭외)
팩스 | 02)720-1043 전자우편 | books@influential.co.kr
홈페이지 | www.influential.co.kr

ⓒ 이광형, 2022

ISBN 979-11-6834-021-3 (03320)